A Liberdade
da Vontade

O livro é a porta que se abre para a realização do homem.

Jair Lot Vieira

Schopenhauer

A Liberdade da Vontade

Tradução e notas
GABRIEL DIRMA LEITÃO
Doutor em Filosofia pela UERJ

Apresentação
GUILHERME MARCONI GERMER
Doutor em Filosofia pela Unicamp,
pós-doutorando em Filosofia pela USP

Copyright da tradução e desta edição © 2021 by Edipro Edições Profissionais Ltda.

Título original: *Über die Freiheit des Willens*. Traduzido com base na edição comemorativa pelos 200 anos de Schopenhauer publicada no outono de 1991 pela editora Haffmans, de Zurique: *Arthur Schopenhauers Werke in fünf Bänden*, volume III – Escritos menores, editada por Ludger Lütkehaus. Esta edição é uma reprodução rigorosa do texto presente na 2ª edição do livro *Die beiden Grundprobleme der Ethik*, publicada por F. A. Brockhaus, em Leipzig, em 1860.

Todos os direitos reservados. Nenhuma parte deste livro poderá ser reproduzida ou transmitida de qualquer forma ou por quaisquer meios, eletrônicos ou mecânicos, incluindo fotocópia, gravação ou qualquer sistema de armazenamento e recuperação de informações, sem permissão por escrito do editor.

Grafia conforme o novo Acordo Ortográfico da Língua Portuguesa.

1ª edição, 2021.

Editores: Jair Lot Vieira e Maíra Lot Vieira Micales
Coordenação editorial: Fernanda Godoy Tarcinalli
Tradução e notas: Gabriel Dirma Leitão
Revisão: Brendha Rodrigues Barreto e Marcia Men
Revisão do grego: Ticiano Curvelo Estrela de Lacerda
Diagramação: Ana Laura Padovan e Karina Tenório
Capa: Karine Moreto de Almeida

Dados Internacionais de Catalogação na Publicação (CIP)
(Câmara Brasileira do Livro, SP, Brasil)

Schopenhauer, Arthur, 1788-1860
   A liberdade da vontade / Schopenhauer ; apresentação Guilherme Marconi Germer ; tradução e notas Gabriel Dirma Leitão. – São Paulo : Edipro, 2021.

   Título original: Über die Freiheit des Willens.
   ISBN 978-65-5660-025-3 (impresso)
   ISBN 978-65-5660-026-0 (e-pub)

   1. Determinismo (Filosofia) 2. Ética 3. Liberdade I. Germer, Guilherme Marconi. II. Leitão, Gabriel Dirma. III. Título.

20-48296   CDD-193

Índice para catálogo sistemático:
1. Filosofia alemã : 193

Cibele Maria Dias – Bibliotecária – CRB-8/9427

São Paulo: (11) 3107-7050 • Bauru: (14) 3234-4121
www.edipro.com.br • edipro@edipro.com.br
@editoraedipro   @editoraedipro

SUMÁRIO

APRESENTAÇÃO	7
NOTA A ESTA EDIÇÃO	25
PREFÁCIO DO AUTOR À 1ª EDIÇÃO	27
PREFÁCIO DO AUTOR À 2ª EDIÇÃO	51
A LIBERDADE DA VONTADE	55
I - Definições conceituais	57
II - A vontade perante a autoconsciência	66
III - A vontade perante a consciência das outras coisas	76
IV - Precursores	107

V - Encerramento e consideração superior   132

APÊNDICE COMO COMPLEMENTO   139
À PRIMEIRA SEÇÃO

APRESENTAÇÃO

A liberdade da vontade (*Über die Freiheit des Willens*, 1839) consistiu na primeira obra de Schopenhauer que lhe trouxe uma certa aclamação pública, ou mesmo prestígio, como grande pensador. Antes disso, suas conquistas com o público não estiveram à altura de sua importância histórica. Não foi pouco ter obtido, com apenas 25 anos, o título de doutor na Universidade de Jena, em 1813. Além disso, foi um mérito considerável ter sido citado por Schubert e Rosenkranz, os editores do já célebre Immanuel Kant, em 1837, no *Prefácio* de uma reimpressão da primeira edição da *Crítica da Razão Pura* desse autor, a partir de uma recomendação de Schopenhauer de que essa primeira edição era superior em vários aspectos à segunda. Por fim, também lhe tinha sido especialmente saborosa a sensação de ter vencido um debate filosófico contra o já famosíssimo Georg W. F. Hegel, em seu exame de habilitação para ocupar uma cadeira de *Privatdozent* (docente privado) na Universidade de Berlim, em 1820. Contudo, há de se convir que essas conquistas ainda eram bem pequenas para um autor que seria considerado, por exemplo, por Friedrich Nietzsche, como *seu* educador filosófico idôneo (Cf. NIETZSCHE, 1974, p. 457) e, por Jair Barboza, como o principal pilar do pensamento contemporâneo, junto a Karl Marx (BARBOZA, 2005, p. 12). *A liberdade da vontade*, destarte, seria um importante divisor de águas na vida de Schopenhauer, na medida em que deu início às duas últimas décadas de vida do autor, em que ele veria sua invisibilidade ser revertida em seu oposto, a ponto de até mesmo uma queda sua em seus passeios diários vir a ser impressa em um jornal de Frankfurt (SAFRANSKI, 2011, p. 645).

A liberdade da vontade nasceu de uma descoberta de Schopenhauer no *Hallischen Literaturzeitung* (Revista literária de Halle), em 1837, de que a Sociedade Real Norueguesa de Ciências de Trondheim daria um prêmio ao melhor trabalho que respondesse à seguinte questão: "Pode a liberdade da vontade humana ser demonstrada a partir da autoconsciência?" (SCHOPENHAUER, p. 57 desta edição). Durante sua elaboração, o autor ficou ainda mais motivado quando se inteirou de que a Sociedade Real Dinamarquesa de Ciências também tinha criado seu próprio concurso, a partir de uma segunda questão concernente à ética: sobre o fundamento da moral. Ambas as respostas submetidas por Schopenhauer aos dois concursos viriam a ser publicadas em conjunto por ele em 1841, com um título muito significativo: *Os dois problemas fundamentais da Ética*. O texto que temos em mãos, portanto, consiste na resposta submetida pelo autor ao primeiro concurso, do qual saiu vencedor, em janeiro de 1839. Segundo o relato de pessoas próximas a Schopenhauer, ele festejou o triunfo "como se fosse um menino" e "mal podia esperar o envio da medalha, de tanta impaciência, [que] durante os meses que se seguiram, bateu vezes sem conta à porta do cônsul norueguês em Frankfurt-am-Main para ver se já havia chegado" (SAFRANSKI, 2011, p. 585). A mesma sorte o autor já não teve no segundo concurso, mesmo tendo sido o único inscrito, uma vez que a sociedade dinamarquesa optou por declarar o concurso sem vencedor. Conta-se que essa derrota muito o abalou psicologicamente, e que provavelmente se deveu ao excesso de criticismo com o qual abordou, em sua resposta, as éticas de filósofos já consagrados da época, como Kant e Fichte. Além disso, não deve ter sido de grande ajuda ter escrito à sociedade, em julho de 1839, e em meio ao processo de avaliação, as seguintes linhas: "Solicito que me informem da vitória que obtive o mais rápido que lhes seja possível, o que pode ser feito por correio. Porém, espero [...] que me enviem o prêmio que me conferirem por mala diplomática." (SCHOPENHAUER *apud* SAFRANSKI, 2011, p. 585).

Para além da polêmica concursal, não pode ser negado que ambos os ensaios foram absolutamente inovadores, uma vez que consistiram no que provavelmente foram as primeiras abordagens de um filósofo alemão às duas questões fundamentais da ética por um caminho estritamente científico, analítico e empírico. Essa originalidade foi destacada por Schopenhauer no *Prefácio* de *Os dois problemas fundamentais da ética*, junto a uma série de acusações contra a Sociedade Real Dinamarquesa sobre as quais não nos aprofundaremos aqui (basicamente, ele afirmou que essa sociedade não entendeu a própria pergunta que formulou, e se revelou incapaz de apreciar um pensamento original). Decepções à parte, Schopenhauer brindou, nesse *Prefácio*, ao fato de que o formato adotado por ele em ambos os ensaios (científico, analítico e empírico) muito enriqueceu sua doutrina em termos de "apreensibilidade, força de convicção e desdobramento de sua significância" (SCHOPENHAUER, p. 27 desta edição); e alegou que esses moldes decorriam das restrições dos concursos: por terem sido convocados por duas sociedades científicas, esperava-se que não tivessem um caráter metafísico, mas científico, e exigia-se que não se apoiassem em nenhum outro texto tomado por pressuposto. Além disso, também deve ser ressaltado que os concursos apenas deram ocasião para que a vocação científica do autor fosse aplicada ao campo da ética. Uma vez que deveriam partir do "comum a todos" (*Ibid.*, p. 27), *Os dois problemas fundamentais da ética* consistem em duas portas de entrada muito oportunas à sua filosofia, o que foi ilustrado pelo autor com uma bela metáfora urbanística, a saber: "Quando chegar o dia em que eu for lido, descobrir-se-á que minha filosofia é como a Tebas das cem portas: pode-se adentrá-la desde todos os lados e, de qualquer das portas, um caminho direto leva até seu centro" (*Ibid.*, p. 28 desta edição).

Seria *A liberdade da vontade* o pórtico principal dessa rica cidade? Acreditamos que sim. Afinal, o filósofo afirmou que a ética consiste no campo mais "sério" da investigação humana, pois, subjetivamente, "afeta de maneira imediata a cada um de nós, e a ninguém pode ser alheio ou indiferente" (SCHOPENHAUER, 2005, §53, p. 353); e, objetivamente, tem por objeto o ente mais complexo e perfeito da natureza, a saber, o homem, cuja conduta ela busca aclarar do ponto de vista de seu valor e motivação últimos. É verdade que *O fundamento da moral* também consiste em uma porta de entrada muito instigante à mais importante das ciências, segundo o autor. Contudo, na quarta seção do presente trabalho, Schopenhauer revelou sua preferência por *A liberdade da vontade* diante de *O fundamento da moral* ao excluir o tema do último do que afirmou serem "os dois mais profundos e delicados problemas da filosofia moderna" (*Ibid.*, p. 108 desta edição), a saber: as questões "da liberdade da vontade e a da realidade do mundo externo" (*Ibid.*). Deste modo, é altamente recomendável que os estudos sobre Schopenhauer sejam iniciados com *A liberdade da vontade*.

No que concerne à extensão de Schopenhauer da metodologia científica à ética, ela decorre da vocação científica desse autor, como dissemos, pois, como se sabe, ele sempre possuiu um conhecimento muito aguçado de "ciências naturais (físicas e biológicas)" (SAFRANSKI, 2011, p. 190), e não havia por que privar a ciência mais importante de todas do olhar das últimas. Como relata Safranski, as ciências naturais foram predominantes nos quatro primeiros semestres de estudos universitários de Schopenhauer, realizados na Universidade de Götingen, entre 1809 e 1811, tendo sido os dois primeiros no curso de medicina, e só a partir do terceiro no de filosofia. A propósito, é sabido que a Universidade de Götingen foi uma instituição de grande renome e mesmo de pioneirismo no que concerne à ênfase no caráter científico de seus ensinamentos filosóficos; e, por fim, cabe sublinhar que na contenda anteriormente citada de Schopenhauer com Hegel que girou em torno do conceito de "motivo", o que deu ao primeiro o saboroso sentimento de vitória foi a impressão de possuir um melhor conhecimento de ciências naturais sobre o adversário (Cf. *Ibid.*, p. 190, 465 e 584). Assim, Schopenhauer certamente já andava às voltas, no final dos anos 1830, com um projeto de enriquecimento do campo da ética com uma abordagem estritamente científica, analítica e empírica, e os concursos escandinavos apenas deram a ocasião perfeita para que isso fosse realizado.

As questões da liberdade e da moral já tinham sido abordadas pelo autor, respectivamente, nos §55 e §61-67 de *O mundo como vontade e representação* (1818). Agora, porém – como enfatizou no *Prefácio* supracitado –, buscaria dar um novo tratamento a ambos os temas não mais pelo caminho sintético e metafísico, como naquele livro, mas pelo viés analítico, empírico e científico. Esclareçamos melhor esses termos: "Metafísica" provém de "τὰ μετὰ τὰ φυσικά [*tà metà tà physiká*]", que, em grego, significa "depois da física". Esse campo se apresenta como o último estágio do saber, em que se busca complementar as ciências e superar seus limites, prestando um esclarecimento derradeiro sobre o conteúdo e a essência do "que se esconde por trás do fenômeno (...) a coisa em si mesma" (SCHOPENHAUER, 1986, §21, p. 27). Essa completude é chamada pelo autor de decifração do enigma do mundo – tarefa à qual as ciências renunciam, posto que se limitam à sistematização (morfológica e etiológica) do conhecimento dos "fenômenos empíricos". "Fenômeno", por sua vez, provém de "Φαινόμενον [*Phainómenon*]", que, em grego, significa: "o que aparece" ou o "aparecente". Uma vez que consistem nas coisas reais tais como nos aparecem, isto é, em objetos condicionados pela forma humana de experimentação, os fenômenos não coincidem com a "coisa em si mesma", a qual, por definição, é incondicionada e deveria permanecer a mesma e única a toda intuição possível. A forma humana de se apresentar a realidade fenomênica, por sua vez, inicia-se com as sensações corporais e se completa com uma operação do intelecto, conduzida pela faculdade do entendimento, que transforma as sensações em intuição propriamente dita de objetos externos, isto é, em experiência objetiva. A forma básica por meio da qual o entendimento realiza essa operação é a lei de causalidade, a qual cobra das sensações uma causa; afinal – como estabelece o entendimento –, tudo o que existe possui uma causa, situada fora do corpo e, portanto, no espaço e no tempo (sendo que essa causa da sensação também possui a sua causa, e assim *ad infinitum*). As ciências que sistematizam as formas básicas dos fenômenos e seus diversos tipos de relações causais são chamadas de empíricas: quando se limitam a expor as formas e as causalidades fundamentais dos fenômenos, procedem de modo analítico; e, quando o que se busca é reunir os principais resultados e princípios científicos em uma única visão abarcadora do todo da experiência e do mundo – o que é realizado pela metafísica –, procede-se sinteticamente. Assim, quando Schopenhauer afirma, no *Prefácio* de *Os dois problemas fundamentais da ética,* que abordará a conduta humana nesses dois textos de modo analítico, científico e empírico, é aos conceitos anteriores que faz referência: neles, não buscará decifrar a essência última do homem, isto é, o que ele é "nele mesmo", mas investigar o fenômeno humano, conhecido por meio da experiência fundada na lei de causalidade (forma do entendimento), e sem que essa investigação se una a outras perspectivas (sinteticamente), em nome de uma visão única e abarcadora do todo do universo.

Em relação à estrutura de *A liberdade da vontade,* concordamos com Rüdiger Safranski quando afirma que ela possui uma "forma circular" (SAFRANSKI, 2011, p. 592). Contudo, acreditamos que há duas circularidades nesse texto, e não apenas uma, como ele apontou; e cremos também que a mais importante delas não é a que parte da autoconsciência, na segunda seção, e retorna a ela na *Consideração Superior,* mas a que parte da questão do concurso, criada pela "cabeça humana", e que, após a demonstração do autor, na segunda seção, de que o querer é incapaz de respondê-la, retorna a essa mesma "cabeça", isto é, à "faculdade de conhecimento" (SCHOPENHAUER, p. 62 e 72 desta edição), na terceira seção, que a responde propriamente. Essa circularidade maior foi expressa pelo autor na seguinte frase: "Foi a cabeça quem levantou a questão, e é também ela quem tem de respondê-la" (*Ibid.,* p. 72). Vejamos como se entrecruza essa dupla circularidade:

Em *I. Definições conceituais* [p. 57 desta edição], Schopenhauer se esforçou por jogar alguma luz sobre os dois conceitos principais da dúvida concursal: "Pode a liberdade da vontade humana ser demonstrada a partir da autoconsciência?" (*Ibid.,* p. 57). Primeiramente, ele defende que há dois sentidos principais de liberdade, um imediato, físico, empírico e popular, e o outro filosófico e moral. Ambos são "negativos", isto é, consistem em negações de, no primeiro caso, obstáculos reais para se fazer o que se quer e, no segundo, de necessidade quanto à origem do querer. Um pouco mais às claras: a liberdade física consiste na "ausência de impedimentos *materiais* de qualquer espécie. Assim, falamos em céu livre, vista livre" (*Ibid.*), e, no caso do homem, de "homem livre", quando, sob o pressuposto de que ele queira algo, não houver impedimento físico para que ele faça ou obtenha isso que quer. À medida, porém, que essa concepção primitiva de liberdade foi se internalizando e se tornando cada vez mais espiritual (afinal, entre o querer e o fazer também podem existir obstáculos internos, como temores, traumas, repressões etc., que me impedem de fazer o que quero como se fossem obstáculos externos), foi necessário criar uma nova definição. A filosofia moderna, portanto, propôs se distanciar da questão antiga do "Posso fazer o que quero?" e se concentrar na seguinte: "Posso querer o que quero?". Para se responder a essa segunda interrogante, a definição de liberdade teve que ser reformulada; com isso, passou-se a adotar o conceito de liberdade como "ausência de qualquer *necessidade* em geral" (*Ibid.*, p. 60). Afinal – perguntaram-se os primeiros filósofos modernos –, uma coisa é interrogar se uma ação foi conforme à vontade, pressuposta ou não. Outra coisa bem diferente é questionar se ela foi necessária ou contingente, isto é, se foi a consequência inevitável de uma causa suficiente, ou algo completamente espontâneo, isto é, sem causa, e, portanto, livre. Nas palavras de um dos primeiros formuladores dessa distinção, a saber, Joseph Priestley: "*Voluntário* não se opõe a *necessário*, mas apenas a *involuntário*, e [...] nada pode ser oposto a necessário, senão *contingente*" (PRIESTLEY, 1777, p. 15). No primeiro caso, pergunta-se se a ação foi engendrada a partir de regras ou normas próprias e residentes na vontade do agente, ou se foi obra de outro tipo de normalidade. Já no segundo caso, indaga-se algo bem distinto, a saber: se a ação foi engendrada a partir de normas ou leis (necessárias), quaisquer que sejam suas fontes, ou não foi engendrada por norma nenhuma. O pensamento ordinário e o político se interessam mais pela primeira distinção (entre voluntário e involuntário); a filosofia moderna, porém, sentiu a necessidade de ir além dessa dúvida e associar a questão da liberdade moral à segunda distinção (entre necessário e contingente, isto é, entre condicionado e incondicionado).

A distinção proposta por Priestley foi adotada por Schopenhauer sem nenhuma modificação de seu conteúdo. Contudo, com mais clareza ainda do que o britânico, Schopenhauer definiu "necessário" – o novo antônimo de livre – como "consequência de uma razão suficiente"

(SCHOPENHAUER, p. 61 desta edição); e alegou que são três as formas pelas quais algo pode ser visto como a consequência de uma razão suficiente: lógica, matemática ou real. Vejamos bem como isso se dá: "A é B" e "B é C", logo, "A é C". Como se nota, "A é C" é uma conclusão imediata das duas premissas, "A é B" e "B é C", as quais consistem em sua razão suficiente (no caso, lógica). Por que "A é C"? Porque "A é B", "B é C", e há uma regra ou lei necessária e universal que faz com que, dadas essas premissas, se dará também sua conclusão: "A é C". A lógica é a ciência que estuda essas regras segundo as quais uma sentença se torna necessária, logicamente, a partir de outras sentenças (as quais consistem em sua razão suficiente lógica). Quando já dizemos que "os lados de um triângulo são iguais quando os ângulos também são iguais" (*Ibid.*), estabelecemos uma conexão entre dois conjuntos de "objetos" distintos que se determinam reciprocamente, e não com menor necessidade do que no exemplo anterior: os lados iguais de um triângulo definem os ângulos iguais do mesmo triângulo, e vice-versa. Da igualdade dos primeiros elementos se segue inevitavelmente a igualdade dos segundos, de modo que sempre que soubermos que os lados de um triângulo são iguais saberemos, imediatamente, que também são iguais os seus ângulos. A matemática é a ciência que estuda essas regras segundo as quais certos objetos espaciais (da geometria e da álgebra) ou temporais (da aritmética) se determinam recíproca e necessariamente (isto é, são a causa suficiente um do outro). E quanto à realidade empírica – por exemplo, a ação humana? Há qualquer necessidade entre ela e outro fenômeno, que seria sua causa suficiente, e da qual ela se seguiria forçosamente? Se sim, não haverá liberdade moral, mas apenas necessidade e, no máximo, liberdade física; se não, já a teremos: eis a questão com a qual se ocupa a filosofia moderna.

Que eu tenha decidido ler filosofia e não assistir televisão, por exemplo: esse querer, que vai além de um mero desejo e se consolida em uma resolução e ação, tem uma causa suficiente (por exemplo, meu desejo por aprender filosofia que, naquele momento, era superior aos demais desejos) ou não? Dada a mesma constelação de motivos anterior à resolução, eu só poderia ter uma única reação (a opção pela leitura) ou poderia realmente me decidir por algo completamente distinto (ver televisão ou seja lá o que for)? Se as respostas anteriores forem afirmativas, dir-se-á que meu agir foi necessário, e, portanto, não livre (ainda que voluntário). Do contrário, se concluirá que sim, foi livre, isto é: espontâneo, contingente, e independente de qualquer causa. O termo técnico para essa última liberdade, segundo o autor, é *liberum arbitrium indifferentiae*. Seu corolário principal é o de que a "um indivíduo humano dotado desse arbítrio, sob circunstâncias exteriores dadas e definidas de forma totalmente individual e sem exceção, resultam-lhe igualmente possíveis duas ações diametralmente opostas" (*Ibid.*, p. 62 desta edição). Conforme o filósofo, esse é "o único conceito distintamente determinado, sólido e definitivo daquilo que é chamado de liberdade da vontade; daí que não se possa se afastar dele sem cair em explicações oscilantes e nebulosas" (*Ibid.*).

A questão da Sociedade de Ciências, porém, não é se a vontade é ou não livre, mas se é possível responder a essa questão com os dados da autoconsciência ou não. Por isso, Schopenhauer apresenta duas respostas nesse ensaio: na segunda seção, responde diretamente à questão da sociedade, e indiretamente à questão fundamental da ética (sobre a liberdade da vontade); e, na terceira seção, inverte essa lógica: responde diretamente à questão fundamental da ética e indiretamente à do concurso. Antes disso, porém, ele deve definir ainda o que entende por autoconsciência na primeira seção: essa consiste no "próprio querer" (*Ibid.*, p. 64); seu objeto é o "cambiante querer e não querer" (*Ibid.*, p. 65), sob o qual se incluem os "sentimentos de prazer e desprazer [...] todo apetite, aspiração, desejo, exigência, ânsia, esperança, amor, alegria, júbilo e semelhantes, bem como, não em menor medida, a recusa ou a repulsa, toda abominação, fuga, temor, ira, ódio, tristeza e dor; numa palavra, todos os afetos e paixões" (*Ibid.*, p. 64).

Na segunda seção, Schopenhauer demonstra que o testemunho da autoconsciência é "demasiado simples e limitado" (*Ibid.*, p. 67) para que possa responder à questão do livre-arbítrio por si só. A única informação que ela é capaz de fornecer é a de que eu "'posso querer; e quando eu quiser uma ação, os membros móveis do meu corpo a realizarão imediata e impreterivelmente, tão logo eu a queira.' Em resumo, isso significa: '*Posso fazer o que eu quiser*'." (*Ibid.*, p. 67-68). Assim, a resposta da autoconsciência se dirige à questão da liberdade física, e nada acrescenta sobre o exame de sua necessidade ou contingência. O erro do homem "filosoficamente inculto" (*Ibid.*, p. 68), segundo o autor, é o de confundir ambas as questões e defender a liberdade moral com base no mero testemunho da liberdade física da autoconsciência. Ao proceder assim, ele confunde desejo e resolução, que de modo algum são idênticos. Segundo o filósofo, apenas a resolução consiste em uma concretização do querer que se efetiva em ação. Até que isso não ocorra, o querer não passa de um mero desejo, que por natureza é sempre mutável, e no qual não há nada que possa garantir ao observador que se tornará resolução e ação. Podemos desejar inúmeras coisas, as mais contraditórias possíveis e todas elas ao mesmo tempo – isso é o que testemunha a autoconsciência. Contudo, querer de fato, isto é, decidir-se por algo, só pode ser realizado uma única vez a cada instante. O testemunho da autoconsciência limita-se ao fato de que quando decidimos algo, a partir de uma miríade de desejos, nossa resolução transforma-se em ação. A questão mais profunda sobre se há ou não uma relação de necessidade entre essa resolução e uma razão suficiente, que pode ir inclusive além do domínio da autoconsciência, não pode ser respondida por ela. Afinal, como a autoconsciência poderia opinar quanto à relação entre algo que está em sua jurisprudência e algo que pode perfeitamente não estar dentro dela? Existe alguma coisa externa à autoconsciência, e que se apresenta como a causa suficiente da resolução? Eis a questão disposta. Uma vez que nada impede a existência desse algo externo, a autoconsciência jamais terá condições de responder se ele existe de fato ou não, pelo simples fato de que é incapaz de enxergar o que existe fora dela. Desse modo, a questão do concurso não pode receber outra resposta, segundo Schopenhauer, senão a negativa: o testemunho da autoconsciência é demasiado simples, limitado "e até mesmo simplóri[o]" (*Ibid.*, p. 67); ela "não pode sequer entender a questão, que dirá respondê-la" (*Ibid.*).

Na terceira seção é que se completa a primeira e principal circularidade do texto, segundo nossa visão, e a qual é expressa na seguinte frase: "Foi a cabeça quem levantou a questão, e é também ela quem tem de respondê-la" (*Ibid.*, p. 72). Após concluir que o testemunho dessa que é uma "parte muito restrita de nossa consciência total" (*Ibid.*), a autoconsciência, não possui dados suficientes para responder a uma questão que sequer lhe faz muito sentido, o pensador se volve ao testemunho da faculdade propriamente criadora dessa dúvida: a "faculdade de conhecimento" (*Ibid.*, p. 62). Essa – assevera – consiste na "consciência *de outras coisas*" (*Ibid.*), sob as quais se incluem uma série de faculdades subordinadas: o entendimento, a razão, a faculdade do juízo etc. Será o exame da primeira dessas faculdades o que definirá a questão: o entendimento consiste na faculdade cuja posse dá a um ser vivo o caráter da animalidade, sendo a posse da razão o que o torna humano. Ele, como dito anteriormente, consiste na faculdade responsável pela conexão entre os fenômenos materiais e empíricos, cujo conjunto engendra o complexo a que chamamos de realidade externa. Essa operação é realizada pelo entendimento com a aplicação de sua forma única, a lei de causalidade, às sensações corporais. A lei de causalidade, por sua vez, estabelece que todo fenômeno deve ter uma causa (sendo um fenômeno uma transformação que ocorre no espaço e no tempo, e que pressupõe a matéria indestrutível como suporte). Em poucas palavras, nenhum fenômeno da realidade objetiva pode ocorrer aleatória ou espontaneamente – como dispõe a lei de causalidade –, isto é, nada pode surgir do nada, sem que tenha uma causa anterior que o produza. Pelo contrário, todo fenômeno deve ser produzido, necessária e universalmente, por dois fatores: outro fenômeno (a saber, outra situação ou configuração determinada da matéria, no espaço e no tempo) que o antecede, e uma força natural residente no fenômeno antecessor, e que permite ao último a produção da transformação consequente. O primeiro fenômeno se chama causa, o segundo, efeito, e a força natural que permite a sucessão, causalidade transformadora.

Por exemplo, supomos a seguinte "situação-causa": uma maçã se encontra suspensa livremente no ar. Vemos que essa situação é seguida de um efeito muito conhecido: a maçã cai até encontrar o repouso no chão. Contudo, a causa não provocou esse efeito a partir do nada, mas sob o pressuposto de que nela se manifestou uma força natural, residente em seu interior invisível, e que se chama gravidade. Assim, a suspensão livre da maçã é a causa ou a razão suficiente da queda; e a força de gravidade, a força misteriosa, invisível e constante que emprestou a causalidade transformadora à causa. Se a situação-causa fosse outra (por exemplo, se a maçã estivesse apenas aparentemente sem apoio, mas ainda se mantivesse presa à árvore por um fio), decerto também seria outro o efeito (no exemplo anterior, veríamos se manifestar outra força natural predominante: a da coesão ou resistência da matéria). Se pensássemos, hipoteticamente, em uma outra realidade em que as forças vigentes também fossem outras (por exemplo, em que não existisse a gravidade), também poderia ser outro o efeito. Fantasias à parte, porém, em nossa realidade material, empírica e fenomênica, Schopenhauer afirma que, uma vez dada a causa suficiente e a força nela atuante, o efeito observado é necessário, e, de fato, o único possível (nesse universo). Poderíamos retornar inúmeras vezes à mesma situação, que teríamos sempre o mesmo efeito: a maçã sempre cairia, no exemplo citado.

Não ocorre nada de distinto no que concerne à relação causal dos fenômenos mais complexos. Cheguemos neles paulatinamente: as forças constantes que provocam as transformações dos fenômenos inorgânicos são, segundo o autor, as forças de gravidade, eletricidade, "impenetrabilidade, coesão, persistência, dureza, inércia, peso, elasticidade" (*Ibid.*, p. 94), estudadas pela física, e as forças que permitem as "afinidades eletivas segundo certas relações estequiométricas" (*Ibid.*, p. 93), estudadas pela química. Nos fenômenos vegetais e da parte vegetativa dos corpos dos animais, vê-se a atuação transformadora das forças vitais, que definem o caráter de cada espécie vegetal. E nos fenômenos animais, manifesta-se a força vital que age por intermédio do conhecimento intelectual, e que se chama vontade. Com a mesma necessidade com que uma maçã cai no chão quando há uma razão suficiente para tanto (por exemplo, sua suspensão livre no ar, que desencadeia a ação predominante da força de gravidade), uma semente também brota quando há uma razão suficiente para isso (por exemplo, seu repouso na terra sob condições propícias, que despertam a manifestação de sua força vital). E com a mesma necessidade com que ambos os fenômenos ocorrem, um animal também se dirige à água e a bebe quando há uma razão suficiente para isso (por exemplo, seu incômodo pela sede, assomado à visão da água a uma distância alcançável), e um homem estuda filosofia quando há um motivo suficiente para tanto (por exemplo, seu interesse pelo conhecimento filosófico, que, em determinado momento, pode superar todos os demais desejos). Nessa distinção de a origem do fenômeno repousar em uma força natural, vital, ou em uma vontade baseia-se, segundo o autor, a divisão principal dos fenômenos enquanto inorgânicos, vegetais ou animais: no primeiro caso, a causa é produzida a partir de uma causa em sentido estrito; no segundo caso, a partir de um estímulo ou excitação; e no terceiro, a partir de um motivo. A diferença fundamental entre as duas primeiras espécies de causas (isto é, entre a causa em sentido estrito e a excitação ou o estímulo vegetal) é esclarecida pelo autor com as seguintes palavras:

> A *causa*, no sentido mais estrito do termo, é [...] sempre caracterizada por dois traços: primeiro, nela se encontra a aplicação da terceira lei fundamental de Newton, "ação e reação são iguais entre si": quer dizer, o estado precedente, que se chama causa, experimenta uma modificação igual ao do seguinte, que se chama efeito. – Segundo, de acordo com a segunda lei de Newton, o grau do efeito é sempre exatamente proporcional ao da causa [...]. A segunda espécie de causas é o *estímulo*, isto é, aquela causa que, em primeiro lugar, não sofre ela mesma *nenhuma* reação relacionada com a ação; e, em segundo lugar, aquela entre cuja intensidade e a intensidade do efeito não se encontra proporção alguma. [...] Por exemplo, é sabido que, com o calor, ou também pela adição de cal à terra, os vegetais podem ser impulsionados a um crescimento extraordinariamente rápido, atuando aquelas causas como estímulos de sua força vital: contudo, se aqui se ultrapassa um pouco que seja o grau adequado do estímulo, o resultado será, em lugar da vida aumentada e acelerada, a morte do vegetal (*Ibid.*, p. 79-80.).

Essa desproporção entre a intensidade da causa e do efeito, inexistente nos fenômenos inorgânicos e existente apenas nos fenômenos vegetais, potencializa-se ainda mais no caso dos fenômenos animais:

um simples olhar entre dois animais, algo que em si possui uma intensidade mínima, por exemplo, pode ser a causa das reações mais enérgicas. Outra diferença entre a causalidade animal e a vegetal é que enquanto no vegetal o estímulo exige o contato ou a absorção e, amiúde, também a clareza, a intensidade e a frequência do contato, no animal, nada disso é mais preciso: o motivo só precisa ser percebido, isto é, conhecido cerebralmente, e mesmo que à distância, fugaz e obscuramente, para que também desencadeie as reações mais extremas. Contudo, esse distanciamento entre a causa e o efeito do agir animal é apenas aparente, e em nada altera a necessidade do nexo causal: o simples pressentimento dos passos do predador provoca a fuga do animal com a mesma necessidade com que a maçã cai ao chão quando suspensa. Em suma, toda ação humana e animal resulta de motivos suficientes, de modo tão rigoroso como são produzidos todos os demais fenômenos da natureza.

Excepcionalmente no caso do homem, essa relação de heterogeneidade, distância e aparente dissociação entre a causa e o efeito, bem como a da ininteligibilidade da causa e a imprevisibilidade do efeito, alcança o cume na natureza. E isso se deve ao fato de que apenas ele possui a faculdade da razão, que lhe abre um vastíssimo mundo imaginário de múltiplas combinações e virtuais "possibilidades". A razão, conforme Schopenhauer, consiste na faculdade dos "conceitos gerais (*notiones universales*)" (*Ibid.*, p. 82), os quais são abstraídos das representações intuitivas e fixados em palavras. Essa dimensão que só ele possui na natureza é o que chamamos de pensar ou refletir: ela amplia o campo de visão, e, portanto, da motivação, a tal ponto que se pode dizer que o que determina a ação do homem "não é, via de regra, o que se apresenta à intuição sensível" (*Ibid.*, p. 83), mas "meros *pensamentos* que ele [o homem] traz em sua cabeça a toda parte aonde vá e que o tornam independente da impressão do presente" (*Ibid.*, p. 83). Em face dessa posse exclusiva da razão, o homem é o único ente da natureza "*relativamente livre*, a saber, livre da coerção dos objetos *intuitivamente presentes* [...]. Essa liberdade, entretanto, é meramente *relativa*, a saber, [existe] em relação ao intuitivamente presente, e meramente *comparativa*, a saber, [existe] em comparação com o *animal*" (*Ibid.*, p. 84) irracional. Associar ambas as formas de liberdade à liberdade física testemunhada pela autoconsciência – como faz o homem "filosoficamente inculto" – e, com isso, concluir que um mesmo homem é moralmente livre, isto é, livre para se decidir por opções contrárias em uma mesma situação, já é um erro injustificável. Afinal, que o homem seja livre da determinação do momento presente (podendo ser determinado também pelo passado, pelo futuro ou pelo distante), e que seja "mais livre" comparativamente ao animal (podendo ser determinado por muito mais tipos de motivos do que o animal), não implica, de modo algum, que ele não seja "determinad[o] por absolutamente nada" (*Ibid.*, p. 61), como exige o conceito de liberdade moral. O *liberum arbitrium indifferentiae* (cujo corolário – recapitulemos – é que o ser "dotado desse arbítrio, sob circunstâncias exteriores dadas e definidas de forma totalmente individual e sem exceção, resultam-lhe igualmente possíveis duas ações diametralmente opostas" [*Ibid.*, p. 62]) não está contido nos conceitos de liberdade relativa e comparativa possuídas pelo homem em virtude da razão, como tampouco reside no conceito de liberdade física testemunhada pela autoconsciência: todas essas liberdades são coisas bem distintas da liberdade moral buscada pela filosofia.

Nesse momento de sua exposição, Schopenhauer se sente à vontade para esclarecer que o *liberum arbitrium indifferentiae* não faz o menor sentido à luz do entendimento humano, o qual, como vimos, consiste na faculdade responsável pelo engendramento da experiência intuitiva da realidade fenomênica. Diante de seu prisma, "o entendimento se silencia: ele não tem nenhuma forma para pensar algo assim" (*Ibid.*, p. 92). Afinal, o entendimento só pode intuir a realidade por meio da aplicação de sua forma única, a lei de causalidade, à sensação corporal; e como essa lei estabelece que todo e qualquer fenômeno deve possuir sempre uma causa, que é a sua razão suficiente, a representação de uma ação sem causa, ou a de uma mesma causa suficiente que produz ora esse, ora aquele efeito, lhe é completamente insólita. Para o entendimento, um efeito só poderia ser distinto se sua causa também o fosse: nesse caso, a causalidade contida na última também seria diversa, do que só se poderia esperar um efeito diverso. Caso, porém, retornemos inúmeras vezes a uma mesma causa, e não a outra, teremos sempre uma mesma causalidade atuante, e não outra, o que só poderá gerar um mesmo efeito, e não outro. Volvamos infinitas vezes a uma mesma situação fenomênica – por exemplo, uma maçã suspensa livre no ar, uma semente em condições propícias para brotar, um animal sedento e que visualiza a água ou um determinado homem que se interessa por filosofia com primazia, e veremos sempre a produção de um mesmo resultado necessário: a maçã cairá, a semente brotará, o animal beberá a água e o homem filosofará. O fato de o objeto da resolução do homem ser muito mais espiritual do que material, ter sido escolhido entre inúmeros desejos e não poucos, e ter sido imprevisível aos outros, e talvez até a si mesmo, não tem relação alguma com o fato de essa resolução e sua ação consequente se seguirem de sua causa suficiente com a mesma necessidade com que ocorrem todos os demais fenômenos naturais.

Um homem, portanto, pode desejar inúmeras coisas, mas, a cada instante, se decidir por apenas uma delas. São tantos os objetos possíveis de sua resolução, graças a seu poder reflexivo – são tão abstratos inúmeros deles, dá-se tantas voltas para se chegar ao que verdadeiramente se quer, e se esconde tanto o que se quer dos outros e às vezes até de si próprio, que ninguém pode saber ao certo "como o outro ou ele mesmo agirá numa determinada situação antes que essa já tenha acontecido" (*Ibid.*, p. 95). Essa imprevisibilidade do agir humano produz a ilusão de que o homem é absolutamente espontâneo e livre em seu agir, e que, em uma determinada situação, poderia tomar as decisões mais contraditórias possíveis. Contudo, essa noção não passa de ilusão que colide frontalmente com a forma do entendimento animal de produzir a realidade fenomênica. O fato da relação entre a causa e o efeito no agir humano ser mais complexa, e, portanto, imprevisível à reflexão humana, não altera em nada a necessidade com que essa relação se consuma na realidade empírica. A imprevisibilidade dos efeitos é um resultado da imperfeição da mente humana, que, se fosse mais aguçada, poderia prever as ações humanas com a mesma exatidão com que prevê, por exemplo, a queda de uma maçã solta no ar. A multiplicidade das "possibilidades" humanas para cada situação, portanto, só vigora na imaginação humana, sendo um produto de nossa falta de intelecção das coisas: como não conhecemos nem puramente a complexidade dos motivos, nem perfeitamente a constância de nossas vontades, opinamos que muitas vezes agiríamos de uma determinada maneira, mas chegado o momento agimos de outra maneira. O filósofo apresentou uma ilustração muito clara dessa origem da ilusão do livre-arbítrio na imperfeição do intelecto humano com as seguintes palavras, em *O mundo como vontade e representação*:

> O intelecto experiencia as decisões da vontade apenas *a posteriori* e empiricamente. Nesse sentido, quando uma escolha se apresenta, ele não possui dado algum sobre como a vontade decidirá [...]. Daí aparecer à consciência que conhece (o intelecto) como se, num caso dado, fossem igualmente possíveis para a vontade duas decisões opostas. Porém aqui se passa como no exemplo de uma vara posta em posição vertical, em relação à qual, tirada de seu equilíbrio e oscilando de um e outro lado, disséssemos sobre ela: "Pode cair para a direita ou para a esquerda". Ora, o "pode" possui tão só uma significação subjetiva e em realidade diz "no que tange aos dados conhecidos por nós". Pois objetivamente a direção da queda já está determinada de um modo necessário desde o começo da oscilação. De maneira semelhante, a decisão da própria vontade é indeterminada só ao seu espectador, o próprio intelecto, ao sujeito do conhecer, portanto relativa e subjetivamente; por outro lado, em si mesma e objetivamente, a decisão é de imediato e necessariamente determinada em face de cada escolha que se apresenta (SCHOPENHAUER, 2005, §55, p. 376).

Outros argumentos também foram apresentados por Schopenhauer na terceira seção de *A liberdade da vontade,* à defesa de que o homem não possui a liberdade moral no sentido de um *liberum arbitrium indifferentiae.* Contudo, esperamos ter condensado anteriormente os principais recursos usados pelo autor nessa seção. Na quarta seção, Schopenhauer complementou sua defesa com o argumento de autoridade de "todos os pensadores realmente profundos de todos os tempos [...] recusarem o *liberum arbitrium* e concordarem em afirmar a necessidade das volições quando da ocorrência dos motivos" (SCHOPENHAUER, p. 103 desta edição): Jeremias, Sócrates, Aristóteles e Nemésio de Emesa prenunciaram essa visão, e Crisipo, Diodoro, Luciano, Clemente de Alexandria, Agostinho, Lutero, Vanini, Hume, Hobbes, Spinoza, Priestley, Voltaire e Kant a expuseram de modo progressivamente mais claro e eloquente. No §3 de *A origem dos sentimentos morais* (1877), Paul Rée robusteceu essa lista com novos nomes, citando, em nota de rodapé, suas fontes correspondentes: Leibniz, Wolf, "Montaigne, Bayle, Collins, Holbach, Lamarck, [...] J. S. Mill, Tylor, Bain e outros análogos" (RÉE, 1877, §3, p. 28). Ele mesmo se incluiu nesse inventário, e declarou, com notável humildade, que demonstraria no §3 a ausência da liberdade da vontade apenas "em nome da completude da exposição do que pelo fato de o objeto carecer de novos exames" (*Ibid.*) – o que, em relação a *A liberdade da vontade* de Schopenhauer, é plenamente verdadeiro. Nietzsche também se assomou aos contestadores da liberdade, e fez da consciência da necessidade do agir humano a base tanto de seu elogio do "amor fati" (isto é, o amor pelo mundo fático, que, por ser necessário, inalterável e único, é superior a qualquer outra possibilidade metafísica, e, portanto, muito mais digno de cuidado e louvor do que nada mais [Cf. GIACOIA, 2013, p. 299]), como de sua crítica aos preconceitos morais (a história dos últimos – afirmou – "é a história de um erro, o erro da responsabilidade, que se baseia no erro do livre-arbítrio" [NIETZSCHE, 2000, §39, l. 634-635]). Sendo assim, *A liberdade da vontade* consiste em uma brilhante porta de entrada não apenas ao coração da filosofia schopenhaueriana, como também ao de toda uma tradição que pode ser chamada de filosófico-científica, ou de ateísmo filosófico alemão e austríaco.

Nas antípodas de oferecer uma mera negação de uma ilusão, a ciência filosófica da moral alemã procura alimentar o que Schopenhauer definiu como a "mais fecunda fonte de consolo e tranquilidade" (SCHOPENHAUER, p. 105 desta edição) que pode ser dada por uma moral, a saber, a consciência de que nós estamos isentos de culpa, porquanto não somos livres. Afinal, nossos "atos não são de modo algum um primeiro começo, por isso neles nada realmente novo vem à existência: mas, *através do que fazemos, meramente descobrimos o que somos*" (*Ibid.*, p. 105). Nas palavras ainda mais claras de Rée:

> Quando compreendemos que todo homem nasce com características determinadas; que sobre essas características agem as circunstâncias; e que, por meio da combinação desses dois fatores, surgem sensações e pensamentos determinados com necessidade, os quais, de sua parte, produzem ações determinadas com necessidade; – quando entendemos, por fim, a necessidade de todas as ações humanas, então, não tomamos mais a ninguém por responsáveis [...]. Assim, a frase "Tudo entender significa tudo perdoar" está correta (RÉE, 1877, §3, p. 41, 43).

Conforme Schopenhauer, Rée e Nietzsche, é perfeitamente plausível, portanto, que o conhecimento da necessidade de nossos atos apazigue o que Nietzsche definiu como a "maior e mais sinistra doença, da qual até hoje não se curou a humanidade" (NIETZSCHE, 1998, II, §16, p. 73), e Freud também qualificou como "o problema mais importante da evolução cultural" (FREUD, 2010, VIII, p. 106): o sentimento de culpa. Essa cura, porém – afirmam Rée e Nietzsche em uníssono –, depende da renúncia à perspectiva metafísica que Schopenhauer recuperou no final de *A liberdade da vontade*, sob o título de "Consideração Superior", e baseada no seguinte raciocínio: todos nós possuímos um "sentimento perfeitamente claro e seguro da *responsabilidade* pelo que fazemos, da *imputabilidade* por nossas ações, sentimento esse que repousa na inabalável certeza de que somos nós mesmos os *autores de nossos* atos" (SCHOPENHAUER, p. 134 desta edição): É verdade que a tese do *liberum arbitrium indifferentiae* possui um enorme contrassenso aos olhos do entendimento; contudo, é possível pensá-lo sem contradição com o último, desde que se retire a liberdade das ações humanas (tais quais aparecem fenomenicamente para o entendimento sob o selo da necessidade), e a restrinja à coisa em si mesma (que, como tal, não se subordina à forma do fenômeno, isto é, à lei de causalidade, e, portanto, é misteriosamente livre). Essa opção evita a contradição, uma vez que o princípio de contradição se aplica apenas aos casos em que se confrontam duas afirmações opostas sobre um mesmo ente, ao mesmo tempo e sob o mesmo aspecto, e, nesse caso, ter-se-iam duas afirmações sobre um mesmo ente, ao mesmo tempo mas sob aspectos distintos (ora como fenômeno, ora como coisa em si). Essa é a única circularidade destacada por Safranski em *A liberdade da vontade*, o que ele faz com as seguintes palavras:

A ilusão da liberdade é resolvida por Schopenhauer por um recurso explicativo sobre o ser necessário a fim de se tornar mais uma vez, de forma circular, ao ser desse Ser necessário. Desse modo, a experiência inicial da liberdade, refutada através da análise, volta a recompor-se: esse Ser começava comigo e se encontrava em mim de forma sempre renovada.

Com relação a este mesmo ponto, Heidegger falará sobre a "serenidade" (*Gelassenheit*) e Adorno ir-se-á referir à "não-identidade" (*Nichtidentischen*) que se opõe à violência de uma identidade coisificadora (SAFRANSKI, 2011, p. 592).

Acreditamos que essa circularidade não apenas não é a única, como é a secundária na exposição de *A liberdade da vontade* (ela é primária apenas no quarto livro de *O mundo como vontade e representação*). Afinal, aquele texto parte de uma questão filosófico-científica da liberdade, exposta na primeira seção, e se conclui com uma resposta filosófico-científica, na terceira seção. Nesse movimento, o autor defende com grande ênfase que a autoconsciência consiste em uma "parte muito restrita de nossa consciência total", que seu testemunho é "demasiado simples e limitado", e que apenas o entendimento, inerente à "faculdade de conhecimento", é capaz de responder à questão nos moldes colocados. A dúvida concursal foi redarguida de modo negativo – não somos livres – e, sequer na conclusão do texto, mas em um adendo metafísico que segue à conclusão, há uma menção a uma perspectiva complementar da metafísica, desdobrada alhures, que explora uma última concepção de liberdade e de responsabilidade que não colide com a visão desenvolvida nesse texto: a da necessidade do fenômeno humano (extensão essa que só é possível porque essa concepção derradeira de liberdade se refere ao mesmo ente humano sob um aspecto distinto, o da coisa em si). Assim, a principal circularidade desse texto não foi a destacada por Safranski, mas a que se expressa na seguinte frase: "Foi a cabeça quem levantou a questão, e é também ela quem tem de respondê-la" (SCHOPENHAUER, p. 72 desta edição). Contudo, damos razão a Safranski quando sublinhou a existência de uma forma circular na estrutura de *A liberdade da vontade*: é a vigência de uma dupla circularidade, porém, que se entrecruza harmonicamente, o que lhe confere um caráter tão completo, original e instigante.

Guilherme Marconi Germer
Doutor em Filosofia pela Unicamp,
pós-doutorando em Filosofia pela USP

Referências

BARBOZA, J. Apresentação – um livro que embriaga. In: SCHOPE-NHAUER, A. *O mundo como vontade e como representação*. Trad. J. Barboza. São Paulo: Unesp, 2005.

FREUD, S. *O mal-estar na civilização, novas conferências introdutórias à psicanálise e outros textos (1930-1936)*. Trad. P. C. de Souza. São Paulo: Cia. das Letras, 2010.

GIACOIA, O. *Nietzsche* – O humano como memória e como promessa. Petrópolis: Vozes, 2013.

NIETZSCHE, F. *Genealogia da Moral*. Trad. P. C. de Souza. São Paulo: Cia. das Letras, 1998.

NIETZSCHE. *Considerações extemporâneas*. Trad. R. T. Filho. São Paulo: Abril Cultural, 1974. Coleção "Os Pensadores".

NIETZSCHE, Friedrich. *Humano, demasiado humano*. Trad. P. C. de Souza. São Paulo: Cia. das Letras, 2000. Edição Kindle.

PRIESTLEY, J. *The doctrine of philosophical necessity*. London: J. Johnson, 1777.

RÉE, P. *Der Ursprung der Moralischen Empfindungen*. Chemnitz: Ernst Schmeitzner, 1877.

SAFRANSKI, R. *Schopenhauer e os anos mais selvagens da filosofia*. Trad. W. Lagos. São Paulo: Geração Editorial, 2011.

SCHOPENHAUER, A. *A liberdade da vontade*. Trad. G. D. Leitão. São Paulo: Edipro, 2021.

SCHOPENHAUER, A. Parerga und Paralipomena – Band II. In: SCHOPENHAUER, A. *Sämtliche Werke – Band V*. W. F. von Löhneysen (org.). Stuttgart/Frankfurt am Mein: Suhrkamp, 1986.

SCHOPENHAUER, A. *O mundo como vontade e como representação*. Trad. J. Barboza. São Paulo: Unesp, 2005.

NOTA A ESTA EDIÇÃO

O texto "A liberdade da vontade", aqui publicado em sua versão integral conforme a segunda e definitiva edição do autor, consiste na primeira parte da obra *Os dois problemas fundamentais da ética*, cuja segunda parte é o ensaio "O fundamento da moral". Optamos por oferecer ao leitor os dois ensaios publicados separadamente, todavia incluímos aqui os Prefácios originais do autor à 1ª e à 2ª edição de *Os dois problemas fundamentais da ética*, de 1841 e 1860, respectivamente, conforme apresentamos a seguir.

PREFÁCIO DO AUTOR À 1ª EDIÇÃO

Surgidos de modo independente um do outro, provocados por ocasião externa, estes dois ensaios* ainda assim perfazem de modo reciprocamente complementar um sistema de verdades fundamentais da Ética, no qual não se deixará de reconhecer um progresso nessa ciência que está de folga há mais de meio século. Contudo, nenhum dos dois pôde recorrer ao outro ou tampouco a meus escritos anteriores, pois cada um foi escrito para uma academia diferente e o rigoroso anonimato é, nesses casos, a conhecida condição. Por isso, não sendo possível pressupor nada e tendo sempre de começar *ab ovo*, não se pôde evitar que alguns pontos fossem tocados em ambos. Trata-se, na verdade, de desenvolvimentos especiais de duas doutrinas que, em seus traços fundamentais, encontram-se no quarto livro de *O Mundo como Vontade e Representação*; se bem que lá elas tenham sido deduzidas de minha metafísica, ou seja, sinteticamente e *a priori*, ao passo que aqui, onde não eram permitidas quaisquer pressuposições, elas se apresentem fundamentadas analiticamente e *a posteriori*: por isso, o que lá aparecia no início, aqui vem no final. Entretanto, precisamente por essa partida de um ponto de vista comum a todos, como também pelo desenvolvimento especial, ambas as teorias ganharam aqui muito em apreensibilidade, força de convicção e desdobramento de sua significância. Portanto, estes dois tratados devem ser considerados como complemento do quarto

---

*. Vide *Nota a esta edição*, na p. 25. (N.E.)

livro de minha obra principal, exatamente como meu escrito *Sobre a Vontade na Natureza* é um complemento muito essencial e importante do segundo livro. Aliás, por muito heterogêneos que possam parecer o objeto desse último escrito mencionado e o do presente, há entre ambos, contudo, uma conexão real; inclusive aquele escrito é, em certa medida, a chave do presente, e a perfeita compreensão de ambos não se completa até que se penetre nessa conexão. Quando chegar o dia em que eu for lido, descobrir-se-á que minha filosofia é como a Tebas das cem portas: pode-se adentrá-la desde todos os lados e, de qualquer das portas, um caminho direto leva até seu centro.

Tenho ainda de observar que o primeiro destes dois tratados encontrou já seu lugar no mais recente volume do memorial da Real Sociedade Norueguesa de Ciências, publicado em Trondheim. Em consideração à grande distância entre Trondheim e a Alemanha, essa Academia, com a maior solicitude e liberalidade, concedeu a permissão que solicitei para que pudesse organizar uma reimpressão para a Alemanha desse escrito premiado: pelo que lhe agradeço aqui pública e sinceramente.

O segundo tratado *não* foi premiado pela Real Sociedade Dinamarquesa de Ciências, ainda que não houvesse outros para competir com ele. Posto que o juízo dessa Sociedade sobre meu trabalho foi publicado, acho-me no direito de abordá-lo e responder-lhe. O leitor o encontrará ao fim do tratado em questão;[1] lá ele verá que a Real Sociedade não descobriu absolutamente nada para elogiar em meu trabalho, mas tão somente o que censurar, e que essa censura consiste em três colocações distintas, as quais repassarei agora individualmente.

A primeira e principal crítica, à qual as outras duas só se acrescentam de modo acessório, é esta: que eu, erroneamente achando que era exigido que se expusesse o princípio da ética, teria compreendido mal a questão: antes, a questão teria sido principalmente acerca do *nexo entre metafísica e a ética*. A nota afirma, já no *começo*, que eu teria deixado totalmente de lado a exposição desse nexo (*omisso enim eo, quod potissimum postulabatur*);[2] entretanto, três linhas abaixo, já o tendo esquecido, afirma o contrário, a saber: eu teria exposto o tal nexo (*principii ethicae et metaphysicae suae nexum exponit*),[3] mas o teria fornecido em um anexo, no qual oferecia mais do que o que fora exigido.

---

1. Isto é, Schopenhauer anexou a nota da Real Sociedade Dinamarquesa de Ciências ao fim do ensaio *Sobre o Fundamento da Moral*. (N.T.)

2. "Havendo omitido o que era principalmente exigido". (N.T.)

3. "Ele expôs o nexo do princípio de sua ética com sua metafísica". (N.T.)

Desconsiderarei por exemplo essa contradição do julgamento consigo mesmo: tomo-a como fruto do embaraço em que ele foi composto. Por outro lado, peço ao leitor justo e instruído que leia a *questão* feita pela Academia Dinamarquesa, com a *introdução* que a antecede, pois está impressa na frente do ensaio, juntamente à tradução que fiz delas, e que depois decida *acerca do que a questão está realmente perguntando*, se acerca do fundamento último, o princípio, a base, a própria e verdadeira fonte da ética – ou se acerca do nexo entre ética e metafísica. – Para facilitar o trabalho do leitor, passarei agora em revista a introdução e a questão, analisando-as e realçando o sentido o mais claramente possível. A *introdução* da questão nos diz que haveria uma ideia necessária de moralidade [*Moralität*], ou um conceito primordial [*Urbegriff*] da lei moral, que surgiria duplamente, isto é, por um lado na moral enquanto ciência e, por outro, *na vida real*: nessa última, por sua vez, mostrar-se-ia esse conceito primordial novamente de modo duplo, isto é, em parte no juízo sobre nossas próprias ações, em parte no juízo sobre as ações alheias. A esse conceito primordial de moralidade ligar-se-iam outros, que repousam sobre ele. É sobre essa introdução que a Sociedade fundamenta então sua questão, a saber: onde é que se devem buscar a *fonte* e o *fundamento da moral* [*Grundlage der Moral*]? Será que numa ideia originária da moralidade, que de fato residisse imediatamente na consciência [*Bewusstsein*] ou na consciência moral [*Gewissen*]?[4] Essa ideia deveria então ser analisada, bem como os conceitos que dela decorrem; ou será que a moral teria outro fundamento cognitivo [*Erkenntnisgrund*]? – Despindo-a do inessencial e levando-a a uma formulação totalmente clara, a pergunta em latim reza: *Ubinam sunt quaerenda fons et fundamentum philosophiae moralis? Suntne quaerenda in explicatione ideae moralitatis, quae conscientia immediate contineatur? an in alio cognoscendi principio?*[5] Essa última pergunta mostra de modo claríssimo que se está perguntando pelo *fundamento cognitivo da moral* em geral. De sobejo, quero agora acrescentar uma exegese parafrástica da questão. A introdução parte de duas observações totalmente

---

4. Schopenhauer se utiliza aqui de dois substantivos alemães para traduzir o termo latino *conscientia*: *Bewusstsein* e *Gewissen*, ambos derivados do verbo *wissen* [saber]. Enquanto o primeiro se refere ao estado em que se está consciente da percepção de algo (ou de si mesmo, na autoconsciência), o segundo designa a consciência moral, a conscienciosidade, a capacidade de julgarmos ações como boas ou más, justas ou injustas. Ao longo desta tradução, "*Bewusstsein*" é sempre traduzido como "consciência"; por sua vez, "*Gewissen*" aparece em geral como "consciência moral", ou simplesmente "consciência", se o contexto tornar o sentido inequívoco. (N.T.)

5. "Onde se devem buscar a *fonte e fundamento da filosofia moral*? Devem ser buscados na explicação de uma ideia de moralidade que reside imediatamente na consciência? Ou em outro princípio cognitivo?" (N.T.)

empíricas: de fato haveria – ela diz – uma *ciência moral* [*Moralwissenschaft*]; e, contudo, é um fato que na *vida real* se podem observar os conceitos morais; a saber, em parte ajuizando moralmente em nossa consciência as nossas ações; em parte julgando as ações alheias em sentido moral. Do mesmo modo, vários conceitos morais seriam de validade universal, como dever, imputabilidade e outros semelhantes. Mas em tudo isso surgiria uma ideia originária da moralidade, um pensamento fundamental de uma lei moral cuja necessidade, contudo, seria peculiar e não meramente *lógica*: quer dizer, uma necessidade que, a partir das ações a serem julgadas ou das máximas que se encontram à base daquelas, não poderia ser demonstrada segundo o mero princípio de contradição. Os demais principais conceitos morais viriam depois desse conceito moral originário e seriam dele dependentes, e também, portanto, inseparáveis. – Mas em que se baseia tudo isso? – Este seria sim um importante objeto de investigação. – Por isso a Sociedade estabelece a seguinte tarefa: deve-se *buscar* (*quaerenda sunt*) *a fonte*, isto é, *a origem da moral*, seu *fundamento*. Onde se deve buscá-la? Isto é, onde pode ser encontrada? Será que numa *ideia de moralidade* inata em nós, que residisse em nossa consciência ou em nossa consciência moral? Nesse caso, esta ideia teria apenas de ser analisada (*explicandis*) juntamente aos conceitos dela dependentes. Ou deveria ser buscada alhures? Isto é, será que a moral tem como fonte um fundamento cognitivo de nossos deveres totalmente distinto do mencionado a título de proposta e exemplo? – Este é o conteúdo da introdução e da questão, reproduzido mais detalhada e claramente, mas com fidelidade e exatidão.

A quem restará a menor dúvida de que a Real Sociedade está perguntando pela *fonte*, pela origem, pela fundação, pelo fundamento cognitivo último *da moral*? – Mas a fonte fundamental da *moral* pura e simplesmente não pode ser outra coisa senão a própria *moralidade*: pois o que ideal e teoricamente é *moral*, é real e praticamente *moralidade*. Mas a fonte *dessa* tem de ser necessariamente o fundamento último de todo bom comportamento moral: daí que, se não quiser tomar suas prescrições do ar ou fundamentá-las falsamente, a *moral* tenha, por sua parte, de estabelecer também esse fundamento a fim de nele se apoiar e invocá-lo em tudo o que ela prescreve ao homem. Portanto, ela tem de provar esse fundamento último de toda moralidade: pois ele é tanto sua pedra angular enquanto edifício científico, como também a origem da moralidade enquanto práxis. Ele é, pois, inegavelmente, o *fundamentum philosophie moralis*[6] pelo qual pergunta a questão: por conseguinte, é

---

6. "Fundamental da filosofia moral". (N.T.)

claro como o dia que a questão realmente exige que se busque e estabeleça um *princípio da ética*, "*ut principium aliquod ethicae conderetur*", não no sentido de uma mera prescrição suprema ou regra fundamental, mas sim de um *fundamento real de toda moralidade e, portanto, fundamento cognitivo da moral.* – Mas isso é *negado* pelo juízo da Sociedade, afirmando que, tendo eu me equivocado ao entender as coisas assim, meu trabalho não poderia ser premiado. Só que é assim que o entenderá e terá de entender todo aquele que ler a questão: pois está justamente aqui, preto no branco, com palavras claras e inequívocas, e não se pode negá-lo enquanto as palavras latinas conservarem seu sentido.

Estendi-me muito aqui: mas a coisa é importante e digna de nota. Pois a partir disso fica claro e certo que essa Academia *perguntou aquilo que manifesta e irrefutavelmente nega haver perguntado.* – Contra isso, ela afirma ter perguntado algo diferente. A saber, que o objeto principal da questão do concurso (é somente isso que se pode entender com as palavras *ipsum thema*) teria sido o do *nexo entre metafísica e moral.* Que agora o leitor faça o favor de examinar se é possível se encontrar *uma palavra* a respeito disso na pergunta do concurso ou em sua introdução: nenhuma sílaba, tampouco uma insinuação. Quem pergunta pela relação de duas ciências tem de nomear ambas: mas a metafísica não é mencionada nem na pergunta, nem na introdução. Ademais, toda a frase principal do juízo da Academia se mostra mais clara caso se a leve da posição invertida à natural, na qual diz, exatamente com as mesmas palavras: "*Ipsum thema ejusmodi disputationem flagitabat, in qua vel praecipuo loco metaphysicae et ethicae nexus consideraretur: sed scriptor, omisso eo, quod potissimum postulabatur, hoc expeti putavit, ut principium aliquod ethicae conderetur: itaque eam partem commentationis suae, in qua principii ethicae a se propositi et metaphysicae suae nexum exponit, appendicis loco habuit, in qua plus, quam postulatum esset praestaret*.".[7] A questão pelo nexo entre metafísica e moral tampouco se encontra de qualquer modo no ponto de vista de que parte a *introdução* à questão: pois esta começa com observações *empíricas*, se refere aos juízos morais que se produzem *na vida comum* e coisas do tipo, e pergunta então: em que tudo isso se baseia afinal? E, finalmente, como exemplo de uma possível solução, propõe uma ideia inata

---

7. "O próprio tema exigia uma investigação tal em que fosse considerado sobretudo o nexo entre a metafísica e a ética: mas o autor, tendo omitido o mais importante do que se exigia, considerou que o que se requeria era que se estabelecesse algum princípio da ética: por isso apresentou apenas num apêndice aquela parte de seu trabalho na qual elucida o nexo entre o princípio da ética por ele proposto e sua metafísica, onde ofereceu mais do que o que havia sido exigido." (N.T.)

da moralidade radicada na consciência; de modo que em seu exemplo adota como solução, tentativa e problematicamente, um mero *fato psicológico* e não um teorema metafísico. Mas com isso deixa saber claramente que exige que se fundamente a moral através de um *fato* qualquer, seja da consciência ou do mundo externo, mas que não espera vê-lo deduzido dos sonhos de qualquer metafísica: por isso a Academia poderia ter recusado, com todo direito, um escrito concorrente que tivesse resolvido a questão dessa forma. Isso bem se poderia considerar. Mas a isso se acrescente que a questão pelo *nexo da metafísica com a moral*, supostamente posta mas que não se pode encontrar em parte alguma, seria totalmente irrespondível e, por conseguinte, se cremos que a Academia seja capaz de algum discernimento, *impossível*: *irrespondível* porque não há nenhuma *metafísica pura e simples*, mas sim apenas diversas *metafísicas* (e, decerto, extremamente diversas), isto é, todo tipo de tentativas de metafísica, em número considerável, tantas quanto tantos filósofos já houve, cada uma das quais cantando uma canção distinta, e assim todas diferindo e dissentindo fundamentalmente. De acordo com isso, poder-se-ia muito bem perguntar pelo nexo entre a ética e a metafísica de Aristóteles, Epicuro, Spinoza, Leibniz, Locke ou qualquer outra determinada metafísica que se quisesse; mas nunca e jamais pelo nexo entre a ética e a *metafísica pura e simples*: porque essa pergunta não teria nenhum sentido definido, já que exigiria a relação entre algo dado e algo totalmente indeterminado, quiçá até impossível. Pois enquanto não houver uma metafísica irrefutável e reconhecida como objetivamente verdadeira, ou seja, uma *metafísica pura e simples*, não podemos sequer saber se ela é de algum modo possível, nem tampouco o que ela será e pode ser. Enquanto isso, se urgissem conosco para que tivéssemos um conceito totalmente inespecífico da *metafísica em geral*, ou seja, indeterminado, por referência ao qual se pudesse perguntar pelo nexo em geral entre essa metafísica *in abstracto* e a ética, isso se poderia admitir: contudo, a resposta à questão tomada nesse sentido se mostraria tão fácil e simples que seria ridículo estabelecer um prêmio para ela. De fato, só se poderia dizer que uma metafísica verdadeira e completa teria que oferecer também à ética seu sólido apoio, seus fundamentos últimos. Ademais, esse pensamento se encontra desenvolvido já no começo do meu trabalho, onde, entre as dificuldades da presente questão, provo especialmente *esta*: que a questão, por sua própria natureza, exclui a fundamentação da ética através de qualquer metafísica dada da qual partir e sobre a qual alguém se pudesse apoiar.

Anteriormente provei, de maneira incontestável, que a Real Sociedade Dinamarquesa de Ciências realmente perguntou o que nega ter perguntado; e, pelo contrário, que *não* perguntou o que afirma ter perguntado e, na verdade, nem sequer poderia tê-lo perguntado. Essa conduta da Real Sociedade Dinamarquesa certamente não seria correta de acordo com o princípio moral que estabeleci: mas como eles não concedem validade ao meu princípio moral, hão de ter outro segundo o qual seja correta.

Quanto ao que a Academia Dinamarquesa *realmente* perguntou, respondi precisamente. Primeiro, numa parte *negativa*, mostrei que o princípio da ética não se encontra lá onde há sessenta anos o assumem como comprovadamente demonstrado. Então, na parte *positiva*, revelei a fonte genuína de ações moralmente louváveis e realmente *provei* que sua fonte é essa e não poderia ser outra. Por fim, mostrei a conexão em que esse real fundamento da ética se encontra – não com a *minha* metafísica, como o julgamento falsamente alega, nem com qualquer metafísica determinada –, mas com um universal pensamento fundamental comum a muitos sistemas metafísicos, talvez à maioria, e, sem dúvida, aos mais antigos e, na minha opinião, aos mais verdadeiros deles. Não forneci essa exposição metafísica como um apêndice, como diz o julgamento, mas como o capítulo final do trabalho: é a chave de abóbada do todo, uma consideração de tipo superior no qual o todo culmina. O fato de eu haver dito que estava realizando mais do que a tarefa exigia decorre justamente do fato de ela não aludir com nenhuma palavra a uma explicação metafísica, nem muito menos, como afirma o julgamento, ser totalmente direcionada a uma tal explicação. Aliás, se essa discussão metafísica é ou não um acréscimo, ou seja, algo em que realizo mais do que o necessário, é uma questão paralela; na verdade é irrelevante: basta que ele esteja lá. Mas o fato de o julgamento da Academia querer fazer isso valer contra mim testemunha seu embaraço: ele se apega a tudo apenas para promover algo contra meu trabalho. Aliás, pela própria natureza da questão, a consideração metafísica teria de constituir a conclusão do ensaio. Pois, se viesse antes, o princípio da ética teria de ser deduzido *sinteticamente*, o que só seria possível se, dentre as muito diferentes metafísicas, a academia tivesse dito de qual preferia que se derivasse um princípio ético: mas a verdade de tal princípio seria totalmente dependente da metafísica que teria sido pressuposta e, portanto, permaneceria problemática. Consequentemente, a natureza da questão tornou necessária uma fundamentação *analítica* do princípio moral fundamental, isto é, uma fundamentação que é necessariamente alcançada com base na realidade efetiva das coisas, sem pressuposição de qualquer metafísica. Justamente porque esse caminho tem sido universalmente reconhecido nos últimos tempos como o único seguro, Kant, como os moralistas ingleses que o precederam, esforçou-se por fundamentar o princípio moral de maneira analítica, independentemente de qualquer pressuposto metafísico. Abandonar isso teria sido um óbvio retrocesso. Tivesse a Academia ainda assim o exigido, teria ao menos de tê-lo anunciado de maneira mais clara: mas em sua questão isso não é sequer sugerido.

Como a Academia Dinamarquesa magnanimamente se calou sobre a falha fundamental do meu trabalho, escusar-me-ei de revelá-lo. Temo apenas que isso não nos ajude, pois prevejo que o sábio nariz do leitor acabe rastreando o cheiro da parte podre. De qualquer modo, ele poderia ser induzido ao erro de pensar que meu ensaio norueguês é ao menos igualmente afetado pela mesma falha fundamental. A Real Sociedade Norueguesa certamente não permitiu que isso impedisse a premiação de meu trabalho. Mas pertencer a esta Academia é também uma honra cujo valor estou aprendendo a ver com mais clareza e a avaliar mais plenamente a cada dia. Pois, como academia, ela não conhece outro interesse senão o da verdade, da luz e da promoção do conhecimento e do discernimento humano. Uma academia não é um tribunal de fé. Porém, antes de estabelecer como tema de prêmio questões tão elevadas, sérias e delicadas como as duas diante de nós, toda academia precisa primeiro decidir por si mesma se está realmente pronta para aderir publicamente à verdade como quer que esta soe (pois isso ela não pode saber de antemão). Posteriormente, depois que a uma pergunta séria tenha chegado uma resposta séria, não é mais hora de retirá-la. E, quando chega o Convidado de Pedra, até Don Juan é por demais um *gentleman* para desfazer seu convite. Esses escrúpulos são sem dúvida a razão pela qual, via de regra, as academias europeias se escusam de estabelecer perguntas desse tipo: as duas que aqui se seguem são realmente as primeiras de que me recordo haver presenciado, razão pela qual, *pour la rareté du fait*, comprometi-me a respondê-las. Pois, embora há muito esteja claro para mim que levo a filosofia demasiado a sério para ter conseguido me tornar um catedrático, ainda assim não acreditava que o mesmo erro também pudesse obstar a meu caminho para uma academia.

A segunda crítica da Real Sociedade Dinamarquesa reza: "*scriptor neque ipsa disserendi forma nobis satisfecit*".[8] Não há nada a dizer contra isso: é o juízo subjetivo da Real Sociedade Dinamarquesa,[9] para cuja elucidação publico agora meu trabalho e o julgamento que ela proferiu sobre ele, a fim de que não seja perdido, mas preservado.

---

8. "Tampouco ficamos satisfeitos com a forma do trabalho do autor". (N.T.)

9. "Eles dizem: isso não me agrada!/ E acham que o descartaram." Goethe, *Sprichwörtlich*.

ἔστ᾽ ἄν ὕδωρ τε ῥέῃ, καὶ δένδρεα μακρὰ τεθήλῃ,
ἥλιος τ᾽ἄνιων φαίνῃ, λαμπρὴ τε σελήνη,
καὶ ποταμοὶ πληθῶσιν, ἀνακλύζῃ δὲ θάλασσα
ἀγγελέω παριοῦσι, Μίδας ὅτι τῇδε τέθαπται[10]

[*ést' án hýdor te rhéei, kaì déndrea makrà tethélei,*
hélios t' ánion phaínei, lamprè te seléne,
kaì potamoì plethôsin, anaklýze dè thálassa
angeléo parioûsi, Mídas hóti têide téthaptai]

(*Dum fluit unda levis, sublimis nascitur arbor,*
Dum sol exoriens et splendida luna relucet,
Dum fluvii labuntur, inundant littora fluctus,
Usque Midam viatori narro his esse sepultum.)[11]

Observo ainda que apresento aqui o trabalho tal qual o enviei: isto é, nada cortei ou modifiquei; os poucos e breves acréscimos não essenciais, assinalo-os com uma cruz ao princípio e fim de cada trecho, a fim de me antecipar às objeções e escusas.[12]

O julgamento da Academia acrescenta ainda o seguinte: *neque reapse hoc fundamentum sufficere evicit.*[13] Contra isso, apelo ao fato de que *demonstrei* séria e efetivamente minha fundamentação da moral com um rigor que se aproxima ao matemático. Isso é algo sem precedentes na *moral*, e só foi possível porque, penetrando na natureza da vontade humana mais profundamente do que qualquer outro até então, trouxe à luz e expus os três derradeiros móbiles propulsores dos quais decorrem todas as ações humanas.

---

10. Na primeira edição, o último verso tinha sido omitido, pressupondo-se que o leitor o completaria.

11. "Enquanto fluir a água e crescerem frondosas árvores,/ enquanto o Sol se levantar e brilhar, enquanto a lua reluzir,/ e os rios conservarem suas águas e os mares seu marulho,/ avisarei ao andarilho que aqui jaz Midas." Epitáfio do túmulo de Midas, escrito por Cleóbulo de Lindos. Cf. "A vida de Cleóbulo", de Diógenes Laércio, em *As vidas e opiniões dos filósofos ilustres*, I; cf. também *Fedro*, de Platão, p. 264 D. As traduções latinas de várias passagens em grego dos dois ensaios foram acrescentadas por Schopenhauer apenas à segunda edição. (N.T.)

12. Isso valeu apenas para a primeira edição: na presente, omiti a marcação das cruzes porque eram inconvenientes, até porque dessa vez os acréscimos foram mais numerosos. Portanto, quem desejar conhecer o trabalho exatamente da forma como foi enviado para a Academia, precisará recorrer à primeira edição.

13. "Ele tampouco demonstrou de modo realmente suficiente esse fundamento." (N.T.)

Mas então o que vem em seguida no julgamento é: *quin ipse contra esse confiteri coactus est.*[14] Se isso significa que eu próprio teria declarado insuficiente a minha fundamentação da moral, o leitor verá que não há nenhum sinal disso e que algo assim jamais me ocorreu. Mas se nessa frase talvez estiver sendo feita uma alusão a eu ter dito em uma passagem que a repreensibilidade dos antinaturais pecados luxuriosos não poderia ser derivada do mesmo princípio de que se derivam as virtudes da justiça e da caridade – isso seria fazer muito de muito pouco e forneceria uma prova adicional de como eles se apegaram a tudo para rejeitar meu trabalho. Então, como conclusão, a Real Sociedade Dinamarquesa me dá mais uma repreensão grosseira, para a qual não vejo sua legitimidade, mesmo se seu conteúdo estivesse bem fundamentado. Prestar-lhes-ei, então, um serviço. Diz: "*Plures recentioris aetatis summos philosophos tam indecenter commemorari, ut justam et gravem offensionem habeat.*"[15] Esses "*summi philosophi*" são, a saber – Fichte e Hegel! Pois foi apenas sobre eles que me expressei em termos fortes e grosseiros de modo que a frase usada pela Academia Dinamarquesa pudesse talvez encontrar aplicação; de fato, a reprimenda seria justa se essas pessoas fossem "*summi philosophi*". Só que esse é o ponto aqui em questão.

No que diz respeito a Fichte, em meu trabalho se encontra apenas repetido e desenvolvido o juízo que já proferi sobre ele há 22 anos em minha obra principal. O que aqui foi dito, provoquei-o por um detalhado parágrafo especificamente dedicado a Fichte, do qual fica suficientemente claro quão longe ele estava de ser um "*summus philosophus*": ainda assim, considerei-o um "homem de talento" bem acima de Hegel. Somente sobre este último deixei sem maiores comentários meu julgamento condenatório nos termos mais decisivos. Pois, em minha convicção, ele não apenas não prestou nenhum serviço à filosofia, como teve sobre ela, e, portanto, sobre a literatura alemã em geral, uma influência extremamente prejudicial, francamente estupidificante, ou poderíamos até dizer pestilenta, a qual, portanto, todo aquele capaz de pensar e julgar por si mesmo tem o dever de combater a cada oportunidade. Pois, se nos calarmos, quem há de falar? Assim, junto com Fichte, é a Hegel que a repreensão que me foi dirigida na conclusão do julgamento se refere; sim, uma vez que ele se saiu pior, é principalmente a ele que a Real Sociedade Dinamarquesa tem em vista quando fala dos "*recentioris*

---

14. "Na verdade, ele se viu forçado a admitir o contrário mesmo." (N.T.)

15. "Alguns dos maiores filósofos dos últimos tempos são mencionados de maneira tão indecente que provocam ofensa justa e grave". (N.T.)

aetatis summis philosophis"[16] contra quem eu indecentemente falhei em mostrar o devido respeito. Assim, da mesma tribuna de cuja altura condenam obras como a minha com críticas não qualificadas, abertamente declaram Hegel um *summus philosophus*. Quando uma junta de jornalistas conspira para enaltecer o que é ruim, quando catedráticos de hegelianice, assalariados e efetivados, e os demais professores que anseiam por tal posição, vociferam aos quatro ventos, incansáveis e com ímpar desfaçatez, que aquela cabeça muito da ordinária, mas extraordinariamente charlatã, é um dos maiores filósofos que o mundo já possuiu, isso não é digno de nenhuma consideração séria, menos ainda se considerarmos que a tosca intenção desse negócio miserável há de se tornar paulatinamente evidente mesmo para os inexperientes. Contudo, quando se chega ao ponto em que uma academia estrangeira com *tal* afinco deseja adotar aquele filosofastro como um *summus philosophus* e até se permite difamar o homem que se opõe honesta e inabalavelmente à fama falsa, astuciosamente obtida, comprada e mentirosa, afinco tal que só é proporcional à descarada promoção e imposição do que é falso, ruim e corruptor de inteligências; então a coisa fica séria: pois um juízo autorizado desses poderia induzir ignorantes a um grande e nocivo erro. Portanto, isso precisa ser *neutralizado*: e, como não tenho autoridade de academia, isso tem de se dar por razões e comprovações. Tais quero apresentar agora de forma tão clara e apreensível que oxalá sirvam no futuro para recomendar à Academia Dinamarquesa o conselho de Horácio:

> *Qualem commendes, etiam atque etiam adspice, ne mox Incutiant aliena tibi peccata pudorem.*[17]

Se, para esse fim, eu dissesse que a assim chamada filosofia desse Hegel é uma colossal mistificação que fornecerá à posteridade assunto inesgotável para zombar de nosso tempo, uma pseudofilosofia que paralisa todas as forças intelectuais, sufoca todo pensamento real e põe em seu lugar, pelo abuso mais ultrajante da linguagem, o palavrório mais oco, sem sentido e irrefletido, e portanto, como o sucesso confirma, o mais estupidificante; pseudofilosofia que, tendo como núcleo um incidente absurdo apanhado como que do ar, carece tanto de razões como de consequências, ou seja, não é provada por nada, nem prova ou explica nada, e é, ainda por cima, desprovida de origi-

---

16. "Filósofos distintos dos últimos tempos". (N.T.)

17. "Examina seriamente aquele que queres recomendar para que não te envergonhem os pecados alheios." Horácio, *Epistulae*, I, 18, 76. (N.T.)

nalidade, uma mera paródia do realismo escolástico e spinozismo, um monstro que se pretende ainda representar o cristianismo pelo avesso, em outras palavras, portanto,

πρόσθε λέων, ὄπιθεν δὲ δράκων, μέσση δὲ χίμαιρα,

[*prósthe léon, ópisthen dè drákon, mésse dè khímaira*]

(ora leonis erant, venter capra, cauda draconis),[18]

então eu teria razão. E não teria menos razão se, além disso, dissesse que esse *summus philosophus* da Academia Dinamarquesa falou bobagens como nenhum mortal antes dele, de modo que aquele que for capaz de ler sua aclamada obra, a assim chamada *Fenomenologia do Espírito,*[19] sem se sentir no hospício – na verdade deveria estar em um. Só que assim eu daria à Academia Dinamarquesa a deixa para dizer que as doutrinas superiores daquela sabedoria são inatingíveis por inteligências inferiores, como a minha, e que o que me parece bobagem seria de uma profundidade sem fim. Preciso então procurar uma pega mais firme e levar o oponente aonde se ache encurralado. Portanto, provarei agora de modo irrefutável que a esse *summus philosophus* da Academia Dinamarquesa faltava até mesmo o senso comum, por mais comum que seja. Que, mesmo sem esse, alguém possa ser um *summus philosophus* é uma tese que a Academia não há de apresentar. Confirmarei essa deficiência por meio de *três* diferentes exemplos. E vou apanhá-los daquele livro em que ele mais deveria ter meditado, se contido e refletido, isto é, seu compêndio para estudantes, intitulado *Enciclopédia das Ciências Filosóficas,* livro que um hegeliano já chamou de a Bíblia dos hegelianos.

Neste livro, na seção da "Física", §293 (2ª edição, de 1827), ao tratar do peso específico, chamado por ele de gravidade específica [*spezifische Schwere*], a suposição de que este repousa sobre a diferença de porosidade é contestada com o seguinte argumento: "Um exemplo da especificação *existente* da gravidade é o seguinte fenômeno: quando uma barra de ferro que oscila equilibrada em seu ponto de apoio é *magnetizada,* ela perde seu equilíbrio e se mostra mais pesada neste polo do que no outro. Neste caso, essa parte é infectada de modo que, sem alterar seu volume, fica mais pesada; a matéria, cuja massa não foi aumentada, tornou-se assim *especificamente* mais pesada.". – Então o *summus philosophus*

---

18. "Na frente um leão, atrás um dragão, no meio uma cabra". Homero, *Ilíada,* VI, 181. (N.T.)

19. Na verdade, chama-se *Sistema da Ciência,* Bamberg, 1807. Tem de ser lida na edição original, pois parece que foi polida pelo *assecla* que editou as obras completas.

da Academia Dinamarquesa está tirando aqui a seguinte conclusão: "Quando uma barra apoiada em seu centro de gravidade subsequentemente se torna mais pesada de um lado, ela cai para esse lado; agora uma barra de ferro cai para um lado depois de ter sido magnetizada: portanto, ficou mais pesada.". Trata-se de um digno análogo à conclusão: "Todos os gansos têm duas pernas, tu tens duas pernas, logo és um ganso.". Pois, categoricamente, o silogismo hegeliano reza: "Tudo o que se torna mais pesado de um lado cai para esse lado; esta barra magnetizada cai para um lado: portanto, ficou mais pesada aí.". Tal é a silogística desse *summus philosophus* e reformador da lógica, a quem infelizmente se esqueceram de ensinar que *e meris affirmativis in secunda figura nihil sequitur*.[20] Mas, falando seriamente, é a lógica *inata* que torna impossível inferências desse tipo para todo entendimento saudável e correto, cuja ausência é chamada *insensatez [Unverstand]*. Que um manual contendo argumentações desse tipo e falando de corpos que ficam mais pesados sem aumento de massa vá servir para entortar o reto entendimento dos jovens é algo que nem merece ser discutido. – Esse foi o primeiro.

O segundo exemplo de falta de senso comum no *summus philosophus* da Academia Dinamarquesa está documentado no §269 do mesmo manual, quando diz: "Em princípio, a gravitação contradiz diretamente a lei da inércia, pois graças àquela a matéria se esforça *a partir de si mesma* em direção a uma outra.". – Como?! Não compreender que quando um corpo é *atraído* por outro contraria tão pouco a lei da inércia quanto quando é *repelido* por ele?! Num caso como noutro, é a irrupção de uma causa externa o que suprime ou modifica o repouso ou o movimento até então existente; e aliás de modo tal que, tanto na atração como na repulsão, ação e reação são mutuamente equivalentes. – E escrever uma tontice dessas com tamanha desfaçatez! E isso num manual para universitários, que ficarão completamente perdidos, quiçá para sempre, acerca dos primeiros conceitos fundamentais da doutrina da natureza, que nenhum erudito pode ignorar. Decerto, quanto mais imerecida a fama, mais descarado ela torna. – Àquele que é capaz de pensar (o que não é o caso do nosso *summus philosophus*, que apenas está sempre a levar "o pensamento" na boca como taberneiros que ostentam o brasão do príncipe à porta de estabelecimentos que nunca são visitados por ele), o fato de um corpo repelir outro não é mais explicável do que o fato de um corpo atrair outro; pois a ambos subjazem forças naturais inexplicáveis como as que toda explicação causal pressupõe. Portanto, se alguém quiser

---

20. "Nada se segue de meras afirmativas na segunda figura." (N.T.)

dizer que um corpo que é atraído por outro em virtude da gravitação se esforça "a partir de si mesmo" em direção ao outro, então também tem de dizer que o corpo repelido foge "a partir de si mesmo" daquele que o repele, e em ambos os casos terá de ver a lei da inércia como suprimida. A lei da inércia flui imediatamente da causalidade; na verdade, é apenas o seu reverso: "toda modificação é produzida por uma causa", diz a lei da causalidade; "sem uma causa não ocorre nenhuma modificação", diz a da inércia. Portanto, um fato que contradissesse a lei da inércia contradiria imediatamente também a causalidade, isto é, aquela que é certa *a priori*, e nos mostraria um efeito sem causa: suposição que é o núcleo de toda *insensatez*. – Esse foi o segundo.

A terceira prova da propriedade inata há pouco mencionada é fornecida pelo *summus philosophus* da Academia Dinamarquesa no §298 da mesma obra-prima, onde ele, polemizando contra a explicação da elasticidade mediante poros, afirma: "Ainda que se conceda *in abstracto* que a matéria é transitória, não absoluta, na prática há resistência contra essa admissão (...), de modo que, de fato, a matéria é aceita como sendo *absolutamente autossubsistente, eterna*. Esse erro é introduzido pelo erro geral do entendimento, (...)" – Que idiota admitiu em algum momento que a *matéria* seja *transitória*? E qual chama de erro o contrário disso? – É um conhecimento *a priori*, tão certo e firme quanto qualquer conhecimento matemático, que a matéria *persiste*, isto é, que não surge nem perece como tudo mais, mas sim existe e permanece, ao longo de todo o tempo, sem ser destruída e sem ter surgido, de modo que sua quantidade não pode nem aumentar, nem diminuir. É-nos pura e simplesmente impossível sequer imaginar um surgimento ou perecimento da matéria: porque a forma do nosso entendimento não o permite. Portanto, negá-lo, declará-lo um erro, significa ao mesmo tempo renunciar a todo entendimento. – Esse foi o terceiro. – O próprio predicado *absoluto* pode ser com todo direito atribuído à matéria, enquanto significa que sua existência se encontra totalmente fora do domínio da causalidade e não entra na cadeia infinita de causas e efeitos, a qual diz respeito apenas a seus acidentes, estados e formas, e os subordina uns aos outros; é apenas a eles, às *mudanças* que ocorrem *na* matéria, que se estende a lei da causalidade com seu surgir e perecer, não à matéria. De fato, aquele predicado de *absoluto* tem sua única prova na matéria, só nela obtém realidade e é admissível; fora isso, seria um predicado para o qual não se poderia encontrar nenhum sujeito e, com isso, um conceito apanhado do ar e que não pode ser realizado por nada, nada mais que uma bola bem inflada dos filósofos de brincadeira. – De passagem, a supracitada afirmação desse Hegel põe bem ingenuamente às claras a filosofia de velhas fiandeiras a que esse filósofo tão sublime, hipertranscendente, acrobático e insondavelmente profundo é, na verdade, puerilmente afeiçoado em seu coração, assim como que princípios ele não permite jamais que cheguem a ser postos em questão.

Portanto, o *summus philosophus* da Academia Dinamarquesa expressamente ensina que os corpos podem se tornar mais pesados sem aumentar sua massa e que esse é particularmente o caso de uma barra de ferro magnetizada; do mesmo modo, que a gravitação contradiz a lei da inércia; e também, finalmente, que a matéria é perecível. Esses três exemplos hão de bastar para mostrar o que há muito se deixa ver quando se abre aquele espesso manto de absurdo galimatias que zomba de toda razão humana, envolto no qual o *summus philosophus* costuma desfilar e impressionar a ralé intelectual. Eles dizem: *"ex ungue leonem"*; mas eu, *decenter* ou *indecenter*, tenho de dizer: *"ex aure asinum"*.[21] – De qualquer forma, quem for justo e apartidário que julgue agora pelos *speciminibus philosophiae Hegelianae*[22] aqui apresentados quem realmente *"indecenter commemoravit"*:[23] aquele que sem rodeios chamou de charlatão esse professor de absurdos, ou quem *ex cathedra academica* decretou que ele é um *summus philosophus*?

Devo acrescentar ainda que, de uma tão rica seleção de absurdidades de todos os tipos que são oferecidas pelas obras do *summus philosophus*, dei preferência às aqui apresentadas porque, por um lado, não são problemas filosóficos difíceis, talvez insolúveis, que, portanto, admitam uma diversidade de pontos de vista; nem tampouco, por outro, trata-se aqui de verdades especializadas da física que pressupõem um conhecimento empírico mais preciso; mas trata-se de intelecções *a priori*, isto é, de problemas que qualquer um pode solucionar por mera reflexão: assim, um julgamento truncado em coisas desse tipo é um sinal decisivo e inegável de rara insensatez, mas a exposição descarada de tais doutrinas sem sentido num manual para universitários nos deixa ver o atrevimento de que uma cabeça comum é capaz quando as pessoas a proclamam um grande espírito. Fazê-lo, portanto, é um meio que nenhum fim pode justificar. Que se comparem os três *speciminibus in physicis* aqui fornecidos com a passagem no §98 da mesma obra-prima, que começa com

---

21. "Eles dizem: 'pela garra se conhece o leão'; mas eu, decente ou indecentemente, tenho de dizer: 'pela orelha se conhece o asno.'" (N.T.)

22. "Espécimes de filosofia hegeliana". (N.T.)

23. "Menciona de modo indecente". (N.T.)

"*indem ferner der Repulsivkraft*" – e veja-se com que infinita altivez esse pecador despreza a atração universal de Newton e os princípios metafísicos kantianos da ciência natural. Quem tiver paciência, leia também os §§40 a 62, onde o *summus philosophus* oferece uma apresentação distorcida da filosofia kantiana e então, incapaz de medir a magnitude das realizações de Kant e por natureza pusilânime demais para poder se regozijar com o fenômeno tão indescritivelmente raro de um espírito verdadeiramente grande, em vez disso, do topo de sua superioridade infinita e autoconfiante, olha empertigado para este grande, grande homem, como se, para a instrução de seus alunos, estivesse centenas de vezes acima dele apontando, com frio menosprezo, meio irônica, meio compassivamente, os erros e equívocos em suas tentativas fracas e ginasianas. O §254 também pertence a esse grupo. Esse empertigamento face a realizações genuínas é um truque bem conhecido de todos os charlatães, mas dificilmente não funciona diante dos tolos. Assim, juntamente às embromações, o empertigamento era o principal ardil também deste charlatão, de modo que, a cada oportunidade, do alto de seu edifício de palavras, olhava empertigado, fastidioso, desdenhoso e zombeteiro não apenas para os filosofemas alheios, mas para toda ciência e seu método, para tudo o que o espírito humano conquistou ao longo dos séculos com perspicácia, esforço e diligência, e, ao fazê-lo, realmente despertou entre o público alemão um alto apreço pela sabedoria trancafiada em seu abracadabra, público esse que pensa:

> *Sie sehen stolz und unzufrieden aus:*
> *Sie scheinen mir aus einem edlen Haus.*[24]

Julgar pelos próprios meios é privilégio de poucos: os demais são conduzidos pela autoridade e pelo exemplo. Veem com olhos alheios e escutam com ouvidos alheios. Por isso é muito fácil pensar como todo mundo; mas pensar como todo mundo pensará em trinta anos não é coisa para qualquer um. Assim sendo, aquele que, acostumado à *estime sur parole*,[25] tendo aceitado *a crédito* a venerabilidade de um escritor e logo querendo vê-la valer também entre os demais, pode facilmente cair na situação de quem, ao descontar uma letra de câmbio que esperava ver honrada, recebe-a de volta com um amargo protesto e tem de aprender a lição de, numa próxima vez, verificar melhor a firma do sacador e a do sacado.

---

24. "Eles parecem orgulhosos e insatisfeitos:/ parecem-me ser de uma casa nobre." Versos do *Fausto* de Goethe, I, 2177-8, citados em ordem invertida. (N.T.)

25. "Confiança na palavra". (N.T.)

Eu teria de negar minha franca convicção se não admitisse que, sobre o título honorífico de um *summus philosophus* que a Academia Dinamarquesa utilizou em referência àquele corruptor de papel, tempo e cabeças, teve uma influência preponderante o clamor organizado artificialmente sobre ele na Alemanha, assim como o grande número de seus partidários. Por isso, parece-me oportuno trazer à memória da Real Sociedade Dinamarquesa a bela passagem com que Locke, um verdadeiro *summus philosophus*, que teve a honra de ser chamado por Fichte de "o pior de todos os filósofos", conclui o penúltimo capítulo de sua famosa obra-prima, passagem que, em favor do público alemão, citarei em alemão:

"Não obstante o grande barulho que se faz no mundo acerca dos erros e opiniões, devo fazer justiça à humanidade ao dizer: não há tantos homens em erros e com opiniões erradas quanto comumente se supõe. Não que eu pense que eles abraçam a verdade; mas de fato porque, a respeito dessas doutrinas por que tanto se agitam, eles não têm nenhum pensamento, nenhuma opinião. Pois, se alguém fosse catequizar um pouco a maior parte dos partidários da maioria das seitas do mundo, não acharia que tenham qualquer opinião própria com relação a esses assuntos pelos quais são tão zelosos: muito menos teria motivos para pensar que eles levam a exame seus argumentos e verossimilhança. Eles estão resolvidos a aferrar-se a um partido no qual a educação ou o interesse os engajou; e ali, como os soldados comuns de um exército, sem jamais examinar nem sequer conhecer a causa pela qual lutam, mostram sua coragem e zelo enquanto seus líderes dirigem. Se a vida de um homem mostra que ele não tem nenhum sério apreço pela religião, por que razão haveríamos de pensar que ele quebra a cabeça com as opiniões de sua igreja e se preocupa em examinar os fundamentos desta ou daquela doutrina? A ele basta obedecer a seus líderes, ter a mão e a língua prontas para apoiar a causa comum e, assim, ser aprovado por aqueles que podem lhe dar crédito, preferência ou proteção naquela sociedade. Assim, os homens se tornam professores e combatentes dessas opiniões das quais nunca foram convencidos ou prosélitos, opiniões que nem jamais passaram por suas cabeças; e embora não se possa dizer que haja menos opiniões improváveis ou errôneas no mundo do que há, ainda assim é certo que há menos homens que realmente concordam com elas e as confundem com verdades do que se imagina.".[26]

Locke tem razão: quem oferece uma boa remuneração encontra a qualquer momento um exército, mesmo que sua causa seja a pior do mundo. Por meio de generosos subsídios, tanto quanto a um mau pre-

---

26. Locke, *Essay on Human Understanding*, Livro IV, cap. XX, seção 18. (N.T.)

tendente, pode-se manter um mau filósofo em alta por um tempo. No entanto, Locke ainda deixa de fora aqui toda uma classe de partidários de opiniões errôneas e propagadores de falsas reputações, a classe que perfaz a verdadeira escolta, o *gros de l'armée*: me refiro àqueles que não têm pretensão, por exemplo, de se tornar professores de hegelianice ou desfrutar de benesses desse tipo, mas que, como gaivotas, sentindo a total impotência de sua faculdade de juízo, tagarelam imitando aqueles que sabem impressioná-los, correm a participar de todo burburinho que encontram e gritam junto quando ouvem barulho. E agora, para complementar a explicação fornecida por Locke de um fenômeno que se repete em todos os tempos, quero apresentar uma passagem do meu autor espanhol favorito, a qual, sendo bem divertida e servindo de amostra de um excelente livro que é totalmente desconhecido na Alemanha, haverá de ser bem-vinda ao leitor. Mas essa passagem servirá de espelho particularmente a muitos jovens e velhos janotas da Alemanha que, na silenciosa, mas profunda, consciência de sua incapacidade mental, imitam os trapaceiros cantando louvores a Hegel e fingindo encontrar uma sabedoria maravilhosamente profunda nas afirmações anódinas ou mesmo sem sentido desse charlatão filosófico. *Exempla sunt odiosa:*[27] por isso, dedico a eles, tomados simplesmente *in abstracto*, a lição de que não há nada que rebaixe tanto alguém intelectualmente quanto a admiração e estima pelo que é ruim. Helvétius tem razão ao dizer: "*Le degré d'esprit nécessaire pour nous plaire, est une mesure assez exacte du degré d'esprit que nous avons*."[28] É antes muito mais desculpável a falha momentânea em se reconhecer o que é bom: pois, em virtude de sua originalidade, o que é excelente em qualquer área surge para nós de modo tão novo e estranho que reconhecê-lo à primeira vista requer não apenas entendimento, mas também uma grande formação naquela área: por isso, via de regra, só tardiamente encontra reconhecimento, e tão mais tardiamente quanto mais elevada for sua estirpe, e os reais luminares da humanidade compartilham do destino das estrelas fixas, cuja luz leva muitos anos até chegar ao campo de visão humano. Ao contrário, não há desculpas para a veneração do que é ruim, falso, irracional, absurdo mesmo, ou até sem sentido; ao contrário, prova-se assim de modo inapelável que se é um simplório e assim permanecerá até o fim dos dias: pois não se pode aprender a ter entendimento. – Por outro lado, contudo, recebida a provocação e tratando pela primeira vez a hegelianice como ela merece, essa

---

27. "Os exemplos são odiosos". (N.T.)

28. "O grau de espírito necessário para nos agradar é uma medida bastante exata do grau de espírito que possuímos". [*De l'esprit, Discours* II, cap. 10, nota.] (N.T.)

praga da literatura alemã, estou certo do agradecimento por parte dos homens honestos e perspicazes que ainda existirem. Pois eles hão de ser inteiramente da opinião que Voltaire e Goethe, em notável acordo, assim expressaram: "*La faveur prodiguée aux mauvais ouvrages est aussi contraire aux progrès de l'esprit que le déchainement contre les bons*" (*Carta à Duquesa do Maine*).[29] "O real obscurantismo não está em se impedir a propagação do que é verdadeiro, claro e útil, mas sim em se colocar o que é falso em circulação" (*Nachlaß*, v. 9, p. 54).[30] Mas que época terá vivenciado uma tão planejada e violenta colocação em circulação do que há de péssimo como esses últimos vinte anos na Alemanha? Que outra época poderá exibir uma semelhante apoteose de despautério e desatino? A que outra época os versos de Schiller, "vi a sagrada coroa da glória/ profanada sobre a fronte vulgar",[31] parecem tão profeticamente dirigidos? Por isso mesmo, a rapsódia espanhola que desejo apresentar como uma alegre conclusão a este prefácio é tão maravilhosamente oportuna que poderia surgir a suspeita de que ela foi composta em 1840 e não em 1640: portanto, sirva de referência que traduzo fielmente[32] do *Criticón* de *Baltasar Gracián*, Parte III, *Crisi* 4, p. 285, primeiro volume da primeira edição in-quarto das *Obras de Lorenzo Gracián*, Antuérpia, 1702:

"Mas o guia e decifrador de nossos dois viajantes[33] achou que, entre todos, só os cordoeiros mereciam elogios, porque eles andam na direção contrária aos demais. –

Aqui chegando, sua atenção foi atraída pelo que ouviram. Depois de olharem para todos os lados, viram sobre um palco vulgar um valente falastrão rodeado por uma multidão de moleiros, que era aqui quem estava sendo moída. Ele os tinha como prisioneiros presos pelos ouvidos, não com as correntes de ouro do Tebano,[34] mas sim com rédeas de ferro.

---

29. "O favor dado às más obras é tão oposto ao progresso do espírito quanto o ataque às boas". (N.T.)

30. *Máximas e Reflexões*, II, 84. (N.T.)

31. Schiller, "Os ideais", 9ª estrofe. (N.T.)

32. Na tradução da longa citação que virá, optei por me orientar principalmente pela tradução alemã de Schopenhauer, embora tenha recorrido também ao original espanhol em busca de algumas soluções. Os travessões e a separação das falas por aspas são introduções de Schopenhauer, que mantive.

33. São eles Critilo, o pai, e Andrenio, o filho. O decifrador é o *Desengaño*, isto é, decepção: ele é o segundo filho da Verdade, cujo primogênito é o Ódio: *veritas odium parit* [a verdade dá à luz o ódio].

34. Ele se refere a Hércules, de quem diz na P. II, cr. 2, p. 133 (bem como em *Agudeza y arte*, Disc. 19; e igualmente em *Discreto*, p. 398) que de sua língua teriam saído correntes que prendiam os outros pelos ouvidos. Todavia, induzido por um emblema de Alciato, ele o confunde com Mercúrio, que como Deus da oratória era assim representado. (N.T.)

Com a língua afiada, aqui imprescindível, este sujeito estava vendendo maravilhas. 'Agora, meus senhores', ele disse, 'quero lhes mostrar um prodígio alado, um portento do entendimento. Folgo muito em tratar com pessoas entendidas, com verdadeiros homens: mas tenho de dizer que se houver alguém entre os senhores que não tenha um prodigioso entendimento, ele pode ir logo se afastando, pois não compreenderá as coisas elevadas e sutis que acontecerão agora. Então cuidado, meus senhores de discernimento e entendimento! Surgirá agora a Águia de Júpiter, que fala e argumenta como tal, que se ri como um Zoilo e espeta como um Aristarco. Não sairá de sua boca nenhuma palavra que não encerre em si um mistério, que não contenha um pensamento sagaz com cem alusões a cem coisas. Tudo o que ele disser serão sentenças de *sublime profundidade*.'[35] – 'Este', disse Critilo, 'sem dúvidas é um rico ou poderoso, pois se fosse pobre nada do que dissesse teria valor. Canta-se bem com uma voz de prata, mas com um bico de ouro fala-se ainda mais bonito.' – 'Pois então!', continuou o charlatão, 'que agora os senhores que não forem eles mesmos águias do entendimento nos deem licença, pois não conseguirão nada aqui. O quê? Ninguém se vai? Ninguém se move?' – A questão é que ninguém teve o discernimento de reconhecer não ter discernimento; antes, todos se consideravam muito entendedores, estimavam-se muito e tinham-se em alta conta. Puxou então por uma rédea grosseira e surgiu – a mais estúpida das bestas: pois até mencioná-lo é ofensivo. 'Eis aqui', exclamou o embusteiro, 'uma águia, uma águia brilhante em todas as suas qualidades, ao pensar e ao discursar. E que ninguém se atreva a dizer o contrário, pois que assim desacreditaria seu entendimento.' – 'Céus', gritou um, 'vejo suas asas! Ó, que altaneiras!' – 'E eu', disse um outro, 'consigo contar as penas! Ah, como são sutis!' – 'Não a vês?', perguntava um a seu vizinho. 'Eu?!', este gritava, 'e como vejo!' Mas um honesto e ajuizado homem disse a seu vizinho: 'Juro como homem de bem que não vejo que seja uma águia, nem que tenha penas, mas sim quatro pernas aleijadas e um rabo muito do respeitável.' – 'Pst! Pst!', retrucou um amigo, 'não digas isso ou estarás arruinado: vão pensar que és um grande *et cetera*. Ouve o que nós dizemos e faz assim, segue a corrente.' – 'Juro por todos os santos', disse um outro homem igualmente honrado, 'que isso não apenas não é uma águia, como é seu antípoda: digo que é um grande *et cetera*.' – 'Cala-te! Cala-te!', disse-lhe o amigo, cutucando-o com o cotovelo. 'Queres que todos zombem de ti? Não podes dizer senão que é águia, ainda que sintas o contrário: é assim que fazemos nós todos.' – 'Os senhores não percebem', bradou o charlatão, 'as sutilezas que ela diz? Quem não

---

35. Expressão de Hegel na revista hegeliana, *vulgo* "Anuários de Literatura Científica", 1827, n. 7. O original diz apenas: *profundidades y sentencias*.

46

as compreende e sente é desprovido de todo engenho.' Neste momento um bacharel saltou dizendo: 'Que magnífica! Que grandes pensamentos! Os mais primorosos do mundo! Ó, que sentenças! Deixai que eu as anote! Seria uma eterna lástima que se perdesse uma única letra! (e depois de sua morte editarei meus cadernos.)'[36] – Neste instante, a portentosa besta desatou seu canto ensurdecedor, capaz de confundir toda uma assembleia, acompanhando-o com tal torrente de indecências que todos se quedaram aturdidos, mirando-se uns aos outros. – 'Vejam, vejam, meus tímidos [*gescheute*][37] senhores', apressou-se a exclamar o embusteiro espertalhão, 'na ponta dos pés! Isso sim que é falar! Há outro Apolo como este? Que lhes parece a delicadeza de seus pensamentos, a eloquência de sua fala? Há no mundo maior entendimento?' – Os que estavam ao redor se entreolhavam, mas ninguém ousou dar um pio ou expressar o que pensava e que era mesmo a verdade, apenas para não ser tomado por um tolo: antes, todos juntos começaram a aplaudir. 'Ah, esse bico!', exclamou uma ridícula gazeadora, 'ele acaba comigo! Poderia ouvi-lo o dia inteiro.' – 'Que o diabo me leve', disse baixinho um tímido, 'se isso não é um asno aqui e em qualquer lugar do mundo; mas me guardarei de dizê-lo.' – 'Pela minha honra', disse um outro, 'isso não foi um discurso, mas sim um relincho: porém, ai daquele que disser uma coisa dessas! Agora é assim no mundo: a toupeira passa por raposa, a rã por um canário, a galinha por um leão, o grilo por um pintassilgo, o asno por uma águia. Que me importa o contrário? Guardo meus pensamentos para mim enquanto falo como todos os outros, e vamos viver! É isso que importa.'

Critilo não aguentava mais ter de assistir a tal vulgaridade de uns e malandrice de outros. 'Como pode a estupidez tomar conta das cabeças assim!', pensou ele. Mas o moço fanfarrão, à sombra de seu grande nariz, ria-se de todos e, triunfante, falava à parte consigo mesmo, como nas comédias: 'Como engano a todos! Nem uma fornicadora faria melhor!' E de novo fazia-os engolir com disparates. E tornava a gritar: 'Que ninguém diga que não é assim, senão será tachado de tolo.' E assim se reforçava ainda mais o infame aplauso: também Andrenio fazia como todos. – Mas Critilo, que já não aguentava mais, estava prestes a explodir. E, voltando-se para o mudo decifrador, disse-lhe: 'até quando este homem abusará de nossa paciência e até quando ficarás calado? A desfaçatez e vulgaridade já passaram

---

36. *Lectio spuria, unctis inclusa.* [Passagem espúria entre parêntesis.]

37. Deve-se escrever "*Gescheut*" [tímido, atemorizado] e não "*Gescheit*" ["entendido", "esperto": o original diz "*entendidos*"]: subjaz à etimologia da palavra a ideia tão belamente expressa por Chamfort: "*l' écriture a dit que le commencement de la sagesse était la crainte de Dieu; moi, je crois que c'est la crainte des hommes.*" ["A Escritura diz que o começo da sabedoria é o temor a Deus; já eu creio que seja o temor dos homens."].

de todos os limites!' – Ao que o outro respondeu: 'Sê paciente, o tempo o dirá: o tempo recuperará a verdade, como sempre o faz. É só esperar que este monstro nos dê o traseiro, e então ouvirás justamente aqueles, que agora o admiram, abominando-o.' E foi justamente o que sucedeu quando o embusteiro retirou seu misto de águia e asno (este tão verdadeiro quanto aquela falsa). No mesmo instante uns e outros começaram a soltar a língua: 'Pela minha honra', disse um, 'isso não era um gênio, mas sim um asno.' – 'Que bobos nós fomos!', gritou um outro: e assim foram todos se encorajando uns aos outros, até que alguém dissesse: 'Alguém já viu um embuste desses? Ele na verdade não disse uma única palavra que significasse algo e aplaudimos. Enfim, era um asno e nós merecemos ser selados.'

Mas nisso voltava o charlatão, prometendo um outro portento ainda maior. 'Agora', ele disse, 'mostrarei aos senhores nada menos que um famoso gigante, ao lado do qual Encélado e Tifão nem podem ser vistos; contudo, tenho de dizer desde já que aquele que lhe gritar 'gigante!' terá boa sorte, porque a ele o gigante fará grandes honras e empilhará tesouros a seu redor, milhares, dezenas de milhares de moedas, e dignidade, cargo, emprego. Ao contrário, ai daquele que não o reconhecer como gigante: não apenas não receberá suas graças, como será atingido por raios e castigos. Atenção, todo mundo! Ele está vindo, ó como desponta!'– Uma cortina se levantou e apareceu um homenzinho que não se veria nem que estivesse em cima de um guindaste, tinha o tamanho de um braço, um nada, em tudo um pigmeu. 'E então? Que fazeis? Por que não gritais? Por que não aplaudis? Erguei vossa voz, oradores! Cantai, poetas! Escrivei, gênios! Que vosso coro seja: o famoso, o extraordinário, o grande homem!' – Todos quedaram-se atônitos e se perguntavam com os olhos: 'Que tem ele de gigante? Que vedes nele de herói?' – Mas logo o monte de bajuladores começou a gritar cada vez mais alto: 'Sim, sim! O gigante, o gigante! O primeiro homem do mundo! Que grande príncipe! Que valente marechal! Que grande ministro fulano!' E logo choveram moedas sobre eles. Ao que os autores escreveram não mais histórias, mas panegíricos. Os poetas, até mesmo Pedro Mateo,[38] roíam as unhas. E não havia quem ousasse dizer o contrário. Antes, todos gritavam o quanto podiam: 'O gigante! O grande, o maior de todos os gigantes!' Pois todos esperavam um cargo, uma prebenda. Em silêncio, certamente diziam em seu íntimo: 'Como minto bravamente! Ele nem sequer cresceu, é um anão. Mas que hei de fazer? Ide lá e dizei o que pensais e vereis o que ganhareis com isso. Por outro lado, fazendo isso, tenho o que vestir, comer e beber, brilho e me torno um grande homem. Ele pode ser o que for: em que pese ao mundo inteiro, ele há de

---

38. Ele celebrou Henrique IV: cf. *Criticon*, P. III, Cris. 12, p. 376.

ser um gigante.' – Andrenio tratou de seguir a corrente e também começou a gritar: 'O gigante, o gigante, o gigantaço!' E nesse mesmo instante choveram moedas e presentes sobre ele. Ao que ele exclamou: 'Isto sim que é saber viver!' Mas Critilo estava quase fora de si: 'Vou explodir se não falar', ele disse. 'Não fala', disse o decifrador, 'que não te perdes. Espera que o gigante nos dê as costas e verás como é.' Assim o foi: pois tão logo aquele acabou de fazer seu papel de gigante e se retirou ao camarim das mortalhas, todos começaram a dizer: 'Que bobeira a nossa! Não era nenhum gigante, mas sim um pigmeu que não valia nada', e perguntavam-se como aquilo tinha sido possível. Mas Critilo disse: 'Que diferença que é falar de alguém durante a vida ou depois da morte! Como a ausência muda a língua! Como é grande a distância entre o que está sobre nossas cabeças e sob nossos pés!'

Só que os embustes daquele Sinon moderno não pararam por aqui. Agora atirava-se para o outro lado e buscava eminentes homens, verdadeiros gigantes, e os apresentava como anões, como pessoas que não valiam nada, que não eram nada, e ainda menos que nada: ao que todos diziam sim, de modo que aqueles tiveram de passar por anões sem que as pessoas de crítica e juízo ousassem reclamar. Até mesmo Fênix foi trazida e apresentada como um besouro. Todos disseram que sim, era um besouro, e Fênix teve de passar por tal.".

É o suficiente de Gracián e demais do "*summus philosophus*" por quem a Academia Dinamarquesa honestamente acha que tem o direito de exigir respeito, com o que me pôs na posição de oferecer uma réplica à resposta que me foi dada.

Gostaria ainda de mencionar que o público já teria recebido esses dois ensaios há meio ano se eu não tivesse firmemente confiado que a Real Sociedade Dinamarquesa anunciaria sua decisão – como é o certo e como todas as academias fazem – no mesmo periódico em que divulgam seus concursos no exterior (aqui, o *Halle'sche Litteraturzeitung*). Mas eles não o fazem e, em vez disso, é preciso que se obtenha a decisão de Copenhague, o que é tanto mais difícil quando nem sequer a data do resultado é antecipadamente fornecida. Acabei percorrendo esse caminho com seis meses de atraso.[39]

Frankfurt am Main, setembro de 1840.

---

39. Posteriormente ela publicou sua decisão, isto é, depois do aparecimento do presente volume. A saber, publicaram-na na *Intelligenzblatt der Halle'schen Litteraturzeitung*, novembro de 1840, número 59, bem como no *Jena'schen Litteraturzeitung* do mesmo mês – ou seja, publicaram em novembro o que tinha sido decidido em janeiro.

PREFÁCIO DO AUTOR À 2ª EDIÇÃO

Nesta segunda edição, ambos os ensaios receberam acréscimos consideráveis, que em geral não são longos, mas estão inseridos em muitas passagens e contribuirão para a compreensão mais detalhada do todo. Não se pode menosprezá-los pelo número de páginas, por causa do formato maior da presente edição. Aliás, elas teriam sido ainda mais numerosas caso a incerteza quanto a se eu viveria para ver esta segunda edição não me tivesse obrigado a depositar sucessivamente os pensamentos que deveriam estar aqui lá onde eu consegui, ou seja, parte no segundo volume de minha obra principal,[40] capítulo 47, parte nos *Parerga e Paralipomena*, volume 2, cap. 8.

Portanto, aparece aqui em uma segunda edição, vinte anos depois, o ensaio sobre o fundamento da moral que foi recusado pela Academia Dinamarquesa e ganhou meramente uma repreensão pública. No prefácio à primeira edição, já fiz a discussão necessária sobre o julgamento da academia e, acima de tudo, mostrei que a academia nega ter perguntado o que perguntou, e, pelo contrário, afirma ter perguntado o que não perguntou; e expus isso de forma tão clara, extensiva e exaustiva que nenhum rábula no mundo poderá justificá-lo. Quanto a isso, não preciso dizer mais nada. Em relação à conduta geral da Academia, passados vinte anos da mais fria reflexão, tenho o seguinte a acrescentar.

---

40. Isto é, no 2º volume de *O Mundo como Vontade e Representação*. (N.T.)

Se o fim das academias fosse reprimir a verdade tanto quanto possível, sufocar com todas as forças o espírito e o talento e sustentar bravamente a reputação de cabeças de vento e charlatães, então naquela ocasião nossa Academia Dinamarquesa tê-lo-ia atingido com maestria. Mas como não lhe posso prestar o respeito exigido de mim por cabeças de vento e charlatães que são exaltados como grandes pensadores por panegiristas corruptos e tolas gaivotas, quero, em vez disso, dar um conselho útil aos cavalheiros da Academia Dinamarquesa. Se os cavalheiros estabelecem um concurso de ensaios, primeiro precisam providenciar uma porção de faculdade do juízo, ao menos o quanto baste no uso doméstico, justamente para poder separar o joio do trigo em caso de necessidade. Pois, ademais, quando as coisas vão mal demais em *secunda Petri*,[41] pode-se encontrar uma má recepção. Em outras palavras, a um julgamento de Midas segue-se um destino de Midas, e este não falha.[42] Nada pode proteger disso; não há rostos graves e gestos nobres que possam ajudar. A coisa acaba vindo à luz. Por espessas que sejam as perucas usadas – não faltam barbeiros indiscretos, juncos indiscretos, e hoje em dia as pessoas nem se dão ao trabalho de cavar um buraco no chão. – A isso tudo se acrescenta ainda a confiança pueril em me passar uma repreensão pública, e mandar imprimi-la em periódicos literários alemães, por eu não ter sido tão simplório a ponto de me deixar impressionar pelo canto de louvor entoado por humildes criaturas ministeriais e longamente repercutidos pela desmiolada ralé literária, de modo a, junto com a Academia Dinamarquesa, tomar por *summi philosophi* meros trapaceiros que nunca buscaram a verdade, mas só sua própria causa. Acaso não ocorreu a esses acadêmicos primeiro se perguntarem se teriam ainda que uma sombra de justificativa para me fazerem repreensões públicas em relação a meus pontos de vista? Eles são tão completamente abandonados por todos os deuses que isso nem lhes passou pela cabeça? – Agora vêm as consequências: Nêmesis está aí; os juncos já estão farfalhando! Apesar dos muitos anos de resistência coletiva de todos os catedráticos

---

41. *Dialectices Petri Rami pars secunda, quae est 'de judicio'.* [*Dialética*, de Peter Ramus, Parte 2, que trata "do juízo".]

42. Referência ao episódio mitológico em que Apolo castiga o Rei Midas fazendo com que lhe cresçam orelhas de asno pelo rei ter preferido o som da flauta de Pã à lira do deus. Envergonhado, Midas mantém as orelhas ocultas, mas seu barbeiro as vê e é forçado a guardar segredo. Não se contendo, o barbeiro cava um buraco no chão, grita o que viu e o fecha com terra. No entanto, logo crescem juncos que passam a repetir aos quatro ventos o vexatório segredo do rei. Cf. as *Metamorfoses* de Ovídio, livro XI, versos 150-93. (N.T.)

de filosofia, finalmente encontrei uma abertura e os olhos do público instruído vão se abrindo cada vez mais acerca dos *summi philosophi* de nossos acadêmicos: mesmo que permaneçam com débeis forças sendo sustentados por mais algum tempo por miseráveis catedráticos de filosofia que há muito se comprometeram com eles e que necessitam deles como material para suas preleções, ainda assim já perderam muito de sua estima pública, e Hegel em particular está caminhando a fortes passos rumo ao desprezo que o espera na posteridade. Nos últimos vinte anos, a opinião sobre ele já percorreu três quartos do caminho que conclui a alegoria de Gracián, apresentada no *Prefácio à 1ª Edição*, e, em alguns anos, tê-lo-á percorrido por completo para coincidir totalmente com o julgamento que vinte anos atrás causou à Academia Dinamarquesa *tam justam et gravem offensionem*. Então, em retribuição à sua repreensão, eu gostaria de homenagear a Academia Dinamarquesa com um poema de Goethe para seu álbum:

> *Das Schlechte kannst du immer loben:*
> *Du hast dafür sogleich den Lohn!*
> *In deinem Pfuhle schwimmst du oben*
> *Und bist der Pfuscher Schutzpatron.*
>
> *Das Gute schelten? Magst's probieren!*
> *Es geht, wenn du dich frech erkühnst:*
> *Doch treten, wenn's die Menschen spüren,*
> *Sie dich in Quark, wie du's verdienst.* [43]

Que nossos catedráticos de filosofia alemães não tenham achado que o conteúdo dos presentes ensaios éticos merecesse qualquer consideração, muito menos um acolhimento, é algo já foi devidamente reconhecido por mim no ensaio sobre o Princípio da Razão Suficiente, p. 47-49 da 2ª edição, e além disso é algo evidente. Afinal, como os elevados espíritos dessa estirpe prestariam atenção no que dizem pessoas como eu! Pessoas sobre as quais, em seus escritos, no máximo lançam de passagem um olhar de críticas e desdém. Não, o que eu trago não os incomoda: eles ficam com sua liberdade da vontade e com sua lei moral, ainda que as razões contra essas sejam tão numerosas quanto as amoras.

---

43. "Sempre podes louvar o ruim: / mas logo chega-te a paga! / Tu boias em teu charco / e és o padroeiro dos desleixados. // Censurar o que é bom? Podes tentar! / Tudo bem, se te atreves:/ Mas quando os homens perceberem, / pisam-te no lixo como mereces." Goethe, *Zahme Xenien*, V, v. 1315 e seguintes. (N.T.)

Pois essas coisas fazem parte dos artigos de fé e eles sabem para que é que eles estão lá: estão lá *in majorem Dei gloriam*[44] e merecem todos eles tornarem-se membros da Real Academia Dinamarquesa.

Frankfurt am Main, agosto de 1860.

---

44. "Para a maior glória de Deus". (N.T.)

— Ensaio —

A LIBERDADE DA VONTADE[45]

Premiado pela Real Sociedade Norueguesa de Ciências, em Trondheim, 26 de janeiro de 1839

La liberté est un mystère[46]

---

45. Cabem aqui duas observações a respeito da tradução do título *Preisschrift über die Freiheit des Willens*. A primeira, sobre o termo *"Preisschrift"*, literalmente um "escrito premiado" e, mais amplamente, os ensaios escritos em função de um concurso organizado por alguma instituição acadêmica, inclusive os que não chegaram a ser condecorados. Esses concursos foram muito comuns nos séculos XVIII e XIX: a instituição estabelecia uma questão (*"Preisfrage"*), à qual os eruditos interessados procuravam responder. Dentre os ensaios a ela submetidos, a instituição escolhia um escrito vencedor e, eventualmente, concedia menções honrosas a outros trabalhos. Na falta de um termo tão específico, optei aqui pelo mais genérico "ensaio". A segunda observação se refere à expressão *"Freiheit des Willens"*, literalmente "liberdade da vontade", às vezes também grafada como *"Willensfreiheit"*. Também teria sido aceitável lançar mão aqui da expressão "livre-arbítrio", a que o próprio Schopenhauer recorre, como se verá, quando a menciona em latim. No entanto, como "vontade" é um conceito-chave no pensamento do filósofo, presente no título de duas de suas obras mais importantes, *O Mundo como Vontade e Representação* e *Sobre a Vontade na Natureza*, optei pela tradução mais literal, a fim de não eclipsar essa coesão. (N.T.)

46. "A liberdade é um mistério". Claude-Adrian Helvétius, *De l'esprit*, Discurso I, cap. 4. (N.T.)

Reza a questão proposta pela Real Sociedade:

Num liberum hominum arbitrium e sui ipsius conscientia demonstrari potest?

Traduzindo: "Pode a liberdade da vontade humana ser demonstrada a partir da autoconsciência?"

I
Definições conceituais

Em uma questão tão importante, séria e difícil, que em essência coincide com um problema central de toda filosofia medieval e moderna, faz-se mister grande precisão e, portanto, uma análise dos conceitos-chave contidos na questão.

1. Que quer dizer liberdade?

Este conceito é, se bem observado, um conceito *negativo*. Por meio dele pensamos apenas a ausência de qualquer coisa que impeça e detenha: tal coisa, por sua vez, enquanto manifestação de força, tem de ser pensada como algo positivo. Conforme a possível constituição desse elemento inibidor, o conceito se subdivide em três espécies muito distintas: a liberdade física, a intelectual e a moral.

a) Liberdade física é a ausência de impedimentos *materiais* de qualquer espécie. Assim, falamos em céu livre, vista livre, ar livre, campo livre, um lugar livre, calor livre (que não está quimicamente ligado), eletricidade livre, livre curso da correnteza, quando ela não é detida por montanhas ou eclusas etc. Mesmo expressões como moradia livre, livre de custos, imprensa livre, livre de frete, designam a ausência das condições incômodas que costumam estar ligadas a tais coisas como impedimentos da fruição. Na maioria das vezes, contudo, pensamos o conceito de liberdade como o predicado de seres animados cuja maior peculiaridade é a de seus movimentos partirem de *sua vontade*, serem voluntários [*willkührlich*][47] e, portanto, serem chamados de *livres* quando

---

47. O termo *"willkührlich"* também é frequente e corretamente traduzido por "arbitrário". Contudo, como o próprio contexto da frase deixa claro, o que Schopenhauer visa, aqui

nenhum impedimento material os impossibilita. Entretanto, mesmo que esses impedimentos possam ser de espécies muito distintas, isso que é por eles impedido é sempre *a vontade*; dessa maneira, por simplicidade, prefere-se tomar o conceito pelo seu lado positivo e pensar por meio dele tudo o que se move apenas por sua vontade, ou que apenas por sua vontade age: uma guinada no conceito que, em essência, nada muda. Por conseguinte, animais e homens são denominados *livres* segundo esse significado *físico* do conceito de liberdade quando não há laços, prisões ou paralisias, ou seja, quando não há qualquer impedimento *físico*, *material* para suas ações e essas procedem conforme sua *vontade*.

Esse *significado físico* do conceito de liberdade, particularmente como predicado de seres animados, é o mais originário, imediato e daí também o mais frequente, e por isso mesmo não se encontra submetido a dúvidas ou controvérsias, antes podendo sempre ter sua realidade certificada pela experiência. Nesse sentido, um ser animado é *livre* tão logo aja apenas por sua *vontade*, com o que não se leva em consideração o que quer que possa ter influência sobre ela. Pois o conceito de liberdade, nesse sentido original, imediato e popular, refere-se apenas à *capacidade*, isto é, à ausência de impedimentos físicos a suas ações. Assim, diz-se: livre é o pássaro no ar, o animal na floresta; o homem é livre por natureza; feliz é apenas aquele que é livre. Um povo também é dito livre, e com isso se entende que ele é governado apenas segundo leis que ele deu a si próprio: pois assim ele segue tão somente sua própria vontade. A liberdade política, por conseguinte, é abrangida pela liberdade física.

Contudo, tão logo deixemos essa liberdade *física* e consideremos as duas outras espécies de liberdade, não mais nos havemos com o sentido popular, mas sim com um sentido *filosófico* do conceito, o qual sabidamente dá azo a muitas dificuldades. Ele se decompõe em duas espécies totalmente distintas: a liberdade intelectual e a moral.

b) A *liberdade intelectual*, segundo Aristóteles τὸ ἑκούσιον καὶ ἀκούσιον κατὰ διάνοιαν, [*tò hekoúsion kaì akoúsion katà diánoian*],[48] é levada aqui em consideração apenas em nome da completude da divisão do conceito: permito-me assim deixar sua elucidação para o final deste trabalho, quando então os conceitos em questão já terão encontrado seus esclarecimentos naquilo que lhes antecede, de modo a que ela pos-

---

e nas demais ocorrências do termo ao longo deste ensaio, é a opinião de que as ações de um ser animado sejam determinadas apenas por sua vontade, que bem poderia tê-los determinado de outro modo, e não a opinião de que não sejam determinadas por nada, de que sejam absolutamente contingentes e fruto do mero acaso, que o termo "arbitrário" poderia sugerir. (N.T.)

48. "O voluntário e o involuntário no que se refere ao pensamento". *Ética a Eudemo*, II, 7, p. 1223a. (N.T.)

sa ser tratada mais brevemente. Entretanto, sendo estreitamente ligada à liberdade física, precisava ter aqui nesta divisão o seu lugar junto àquela.

c) Assim, dirijo-me logo para a terceira espécie, a *liberdade moral*, que é propriamente o *liberum arbitrium* de que fala a questão posta pela Real Sociedade.

Por um lado, esse conceito se liga àquele de liberdade física, a qual torna compreensível o seu surgimento, necessariamente muito posterior. A liberdade física se refere, como foi dito, apenas a impedimentos materiais, em cuja ausência ela prontamente se dá. Notou-se então que, sem ser detido por impedimentos materiais, em alguns casos um homem era tolhido por um mero motivo [*Motiv*], como ameaças, promessas, perigos e coisas semelhantes, deixando de agir tal como, fora isso, decerto o teria feito conforme sua vontade. Levantou-se assim a questão sobre se tal homem ainda teria sido *livre*, ou se realmente um forte contramotivo também poderia, tal qual um impedimento físico, deter e impossibilitar uma ação que fosse conforme a própria vontade. Para um entendimento sadio, a resposta não oferecia dificuldades: um motivo jamais poderia atuar como um impedimento físico. Enquanto este, em geral, facilmente supera de modo incondicional as forças do corpo humano, um motivo, por outro lado, nunca é em si mesmo irresistível, nunca tem um poder incondicionado, sempre podendo ser sobrepujado por um *contramotivo mais forte*, bastando que haja um e que, no caso individual, tal homem seja por ele determinado. Afinal, amiúde vemos que até mesmo aquele que em geral é o mais forte de todos os motivos, a conservação da vida, com efeito é sobrepujado por outros motivos: por exemplo, no caso do suicídio e do sacrifício da própria vida por outros, por opiniões e por diversos interesses; e, vice-versa, vemos que todos os graus dos mais refinados martírios no cavalete de tortura às vezes foram superados pelo mero pensamento de que, em caso contrário, se perderia a vida. Mas ainda que disso se seguisse que os motivos não trazem consigo nenhuma coerção puramente objetiva e absoluta, podia ainda caber-lhes uma coerção subjetiva e relativa, isto é, para a pessoa do interessado, o que resultava no mesmo. Permanecia assim a questão: a própria vontade é livre? Aqui o conceito de liberdade, que até aí fora pensado apenas referido ao *poder*, foi posto em relação ao *querer*, donde surgiu o problema sobre se então o próprio querer seria *livre*. Contudo, considerado mais de perto, o conceito original, popular e puramente empírico de liberdade se mostra incapaz de entrar em conexão com o *querer*. Pois, segundo esse conceito, *livre* significa *conforme a própria vontade*: se alguém agora se perguntasse se a própria vontade é livre, perguntar-se-ia se a vontade é conforme a si mesma, o que na verdade é evidente, mas com o que nada se diz. Segundo o conceito empírico de liberdade, "sou livre se posso *fazer o que eu quiser*", e pelo "o que eu quiser" a liberdade já está decidida. Mas agora, ao perguntarmos pela própria liberdade do querer, a questão se colocaria assim: "podes também *querer* o que quiseres?", o que soa como se o querer dependesse ainda de um outro querer por trás de si. E supondo que a essa questão se respondesse com uma afirmativa, surgiria tão logo a segunda: "podes também querer o que quiseres querer?", e assim prosseguiríamos ao infinito, sempre pensando um querer como dependente de um outro, anterior e mais profundo, e seguindo por esse caminho debalde almejaríamos, enfim, alcançar um querer que não pensássemos como dependente de mais nada e que tivéssemos de aceitar. Mas, se quiséssemos aceitar um tal querer, poderíamos muito bem tomar tanto o primeiro quanto um arbitrariamente último, com o que a questão seria reconduzida a uma bem simples: "podes querer?". O que se queria saber, contudo, e permanece sem ser resolvido, é se a mera resposta afirmativa àquela questão decide a liberdade do querer. Portanto, o original conceito empírico de liberdade derivado da ação se recusa a entrar em uma conexão direta com o conceito de vontade. Por isso, a fim de se poder, ainda assim, aplicar o conceito de liberdade à vontade, foi necessário modificá-lo, compreendendo-o de modo mais abstrato. Isso se deu pensando pelo conceito de *liberdade* apenas a ausência de qualquer *necessidade* em geral. Nisso o conceito mantém o caráter *negativo* que já de início lhe atribuí. Por conseguinte, primeiro se teria de elucidar o conceito de *necessidade*, enquanto conceito *positivo* que dá significado àquele *negativo*.

Portanto perguntamos: o que quer dizer *necessário*? A definição usual, "necessário é aquilo cujo contrário é impossível ou o que não pode ser de outro modo", é uma mera definição nominal, uma paráfrase do conceito, que não aumenta nossa compreensão. Como definição real, proponho a seguinte: *necessário é aquilo que se segue de uma dada razão suficiente*, cujo enunciado, como qualquer definição correta, pode também ser invertido. Conforme essa razão suficiente for lógica, matemática ou física, quando então é chamada de causa, a *necessidade* será lógica (como a da conclusão, quando as premissas são dadas), matemática (por exemplo, a igualdade dos lados de um triângulo quando os ângulos são iguais) ou real (como o surgimento do efeito assim que é dada a causa): mas, dada a razão, a necessidade se une à consequência com o mesmo rigor em todos os casos. Reconhecemos algo como necessário apenas quando o compreendemos como consequência de uma dada razão; e, inversamente, quando reconhecemos algo como consequência de uma razão suficiente, vemos que é necessário: pois todas as razões são coercivas. Essa definição real é tão adequada e exaustiva que necessidade e consequência de uma dada razão suficiente são conceitos intercambiáveis, isto é, em toda parte um pode ser posto no lugar do outro.[49] Assim sendo, a ausência de necessidade seria idêntica à ausência de uma determinada razão suficiente. Com isso, o contrário do *necessário* é pensado como o *contingente*, o que aqui não gera conflito algum. É que tudo o que é contingente, só o é *relativamente*. Pois no mundo real, o único lugar em que se pode encontrar o contingente, todo evento é necessário com relação a sua causa. Ele é *contingente*, por outro lado, com relação a todo o restante com o que ele coincide no espaço e no tempo. Mas assim, aquilo que é livre, como sua nota característica é a ausência de necessidade, teria de pura e simplesmente não ser dependente de absolutamente nenhuma causa, sendo dessa forma definido como *absolutamente contingente*: um conceito extremamente problemático, cuja inteligibilidade não afianço e que, entretanto, coincide estranhamente com o de *liberdade*. De qualquer forma, o livre permanece sendo o que não é necessário em nenhuma relação, o que quer dizer que não é dependente de nenhuma razão. Aplicado à vontade humana, esse conceito implicaria que uma vontade individual não seria determinada em suas exteriorizações (volições) [*Willensakten*] por causas ou razões suficientes em geral; porque, em outro caso, como a consequência a partir de uma dada razão (de qualquer tipo que seja) é sempre *necessária*, suas volições não seriam livres, mas sim necessárias. Nisso se baseia a definição de Kant, segundo a qual liberdade é a faculdade de iniciar *por si mesmo* uma série de mudanças. Pois esse "por si mesmo" quer dizer, referido a seu verdadeiro significado, "sem causa precedente", mas isso é idêntico a "sem necessidade". De modo que, embora aquela definição dê ao conceito de liberdade a aparência de ser um conceito positivo, observando-o mais de perto volta a surgir sua natureza negativa. – Assim, uma vontade livre seria aquela que não fosse determinada por razões; e, posto que tudo o que determina outra coisa tem de ser uma razão e, entre as coisas reais, uma razão real, isto é, uma causa, uma vontade livre seria aquela que não fosse determinada por absolutamente nada; aquela cujas exteriorizações individuais (volições) surgiram pura e simplesmente e de forma totalmente original a partir de si mesma, sem ser produzidas de forma necessária por condições precedentes, ou seja, sem ser tampouco

---

49. A explanação do conceito de necessidade pode ser encontrada em meu trabalho sobre o princípio de razão suficiente, 2ª edição, §49.

determinadas por nada de acordo com regra alguma. Com esse conceito esvai-se para nós a distinção do pensamento, pois aqui o princípio de razão, que constitui a forma essencial de toda a nossa faculdade de conhecimento [*Erkenntnisvermögen*], deve ser suspenso em todos os seus significados. Entretanto, não falta a esse conceito um *terminus technichus*: ele se chama *liberum arbitrium indifferentiae*. Aliás, ele é o único conceito distintamente determinado, sólido e definitivo daquilo que é chamado de liberdade da vontade; daí que não se possa se afastar dele sem cair em explicações oscilantes e nebulosas, atrás das quais se esconde uma vacilante insuficiência: o mesmo de quando se fala de razões que não produzem necessariamente suas consequências. Toda consequência a partir de uma razão é necessária e toda necessidade é consequência de uma razão. A próxima consequência da aceitação de um tal *liberi arbitrii indiferentiae*, consequência que caracteriza o próprio conceito e que, por conseguinte, tem de ser como que uma nota distintiva sua, é que a um indivíduo humano dotado desse arbítrio, sob circunstâncias exteriores dadas e definidas de forma totalmente individual e sem exceção, resultam-lhe igualmente possíveis duas ações diametralmente opostas.

2. Que quer dizer autoconsciência?

Resposta: a consciência *de si próprio*, ao contrário da consciência *de outras coisas*, que é a faculdade de conhecimento. Esta contém, ainda antes que nela surjam aquelas outras coisas, certas formas do modo pelo qual se dá esse surgimento, as quais são, por conseguinte, condições de possibilidade de sua existência objetiva, isto é, de sua existência como objetos para nós: tais são, como se sabe, tempo, espaço, causalidade. Embora essas formas do conhecimento se encontrem em nós mesmos, isso é assim apenas a fim de que possamos tomar consciência de *outras coisas* enquanto tais e em referência geral a elas: daí que não possamos considerar aquelas formas, ainda que se encontrem em nós, como pertencentes à *autoconsciência*, mas sim como elementos que tornam possível a *consciência de outras coisas*, isto é, do conhecimento objetivo.

Ademais, não permitirei que, pelo duplo sentido da palavra *conscientia* empregada na questão, eu seja levado a trazer para a autoconsciência os conhecidos impulsos morais do homem, designados por consciência moral ou razão prática, com seus imperativos categóricos afirmados por Kant; em parte porque esses impulsos ocorrem apenas como consequência da experiência e da reflexão, ou seja, como consequência da consciência de outras coisas; em parte porque ainda não está traçada de modo nítido e incontroverso a linha divisória entre aquilo que neles pertence originária e propriamente à natureza humana e o que a formação moral e religiosa lhes acrescenta. Além disso, não deve ser a intenção da Real Sociedade, por meio da implicação da consciência moral na autoconsciência, ver um deslocamento de sua questão para o terreno moral e a repetição da demonstração ou, melhor, do postulado moral da liberdade, deduzido por Kant a partir de leis morais conhecidas *a priori* e em virtude da inferência "tu podes porque deves".

Do que foi dito resulta que a grande maior parte do todo de nossa consciência em geral não é *autoconsciência*, mas sim a *consciência de outras coisas* ou a faculdade de conhecimento. Esta, com todas as suas forças, dirige-se para fora e é o palco do mundo externo real (de uma perspectiva investigativa mais profunda, sua própria condição), que de início apreendemos intuitivamente[50] para depois, como que ruminando o que assim se obteve, elaborá-lo em conceitos cujas infinitas combinações, executadas com ajuda das palavras, constituem o *pensar*. – Assim, a *autoconsciência* seria sobretudo o que nos resta depois da subtração dessa grande maior parte do todo de nossa consciência. Daqui já divisamos que seu domínio não pode ser grande: portanto, se os dados que buscamos para a demonstração da liberdade da vontade realmente se encontrarem aí, podemos esperar que eles não nos escapem. Como órgão da autoconsciência, estabeleceu-se um *sentido interno*[51] que, con-

---

50. O termo "intuir", bem como seus derivados (intuição, intuitivo, intuível, intuitivamente), é um termo técnico que pode facilmente dar margem a mal-entendidos a quem não estiver familiarizado com o jargão filosófico. Em português, no linguajar cotidiano, uma "intuição" é frequentemente entendida como um "pressentimento", um "palpite", um "*insight*": algo que sabemos ou achamos que sabemos sem, contudo, sermos capazes de justificá-lo ou explicar como ou de onde o sabemos. No vocabulário filosófico, contudo, uma "intuição" é um conhecimento direto, imediato, em oposição aos conhecimentos discursivos a que chegamos por quaisquer raciocínios ou inferências dedutivas ou indutivas. No contexto da terminologia kantiana, à qual Schopenhauer certamente se liga, uma intuição (*Anschauung*) é um conhecimento imediato que nos é oferecido pela sensibilidade. Se isso não estiver em mente, pouco se vai compreender da argumentação de Schopenhauer. Por exemplo, quando aqui ele afirma que "apreendemos o mundo externo intuitivamente", isso nada tem a ver com um pressentimento ou vislumbre confuso do mundo externo, mas apenas com a afirmação de que tomamos conhecimento do mundo externo direta e imediatamente pelos nossos sentidos (e não por meio de um raciocínio dedutivo ou indutivo). (N.T.)

51. Ele já aparece em Cícero como *tactus interior*: *acad. quaest.* ["Do ceticismo acadêmico"], IV, 7. Mais claramente em Agostinho, *De lib. arb.* ["Do livre-arbítrio"], II, 3 ss.

tudo, sendo a autoconsciência imediata, há de ser tomado mais em sentido figurado do que literalmente. Seja como for, nossa próxima questão é: mas então o que contém a autoconsciência? Ou, em outras palavras, como o homem se torna imediatamente consciente de seu próprio eu? Resposta: em todo caso, como um *querente*. Observando sua própria autoconsciência, cada um logo perceberá que seu objeto é, a todo momento, o próprio querer. Decerto este não deve ser entendido meramente como as resolutas volições levadas imediatamente a cabo, ou como as decisões formais e as ações delas resultantes. Quem quer que seja capaz de reter o essencial entre diferentes modificações de tipo e grau não terá quaisquer problemas em contar também entre as exteriorizações do querer todo apetite [*Begehren*], aspiração, desejo, exigência, ânsia, esperança, amor, alegria, júbilo e semelhantes, bem como, não em menor medida, a recusa ou a repulsa, toda abominação, fuga, temor, ira, ódio, tristeza e dor; numa palavra, todos os afetos e paixões. Esses afetos e paixões são movimentos da própria vontade, mais ou menos fracos ou fortes, ora enérgicos e tempestuosos, ora suaves, vontade que se encontra ela mesma detida ou liberada, satisfeita ou insatisfeita; e, numa miríade de modificações, todos eles se referem à perda ou obtenção daquilo que se quer e ao padecimento ou superação daquilo que se abomina: assim, eles são resolutas afecções da mesma vontade que atua nas ações e decisões.[52] Nisso se incluem até mesmo os chamados sentimentos de prazer e desprazer [*Gefühle der Lust und Unlust*], os quais, embora se apresentem numa miríade de graus e espécies, podem ser todos remetidos a afecções de apetite ou abominação [*begehrende, oder verabscheuende Affektionen*], ou seja, à vontade que toma consciência de si mesma como satisfeita ou insatisfeita, detida ou liberada. Isso abarca também as sensações corporais, agradáveis ou dolorosas, bem como to-

---

Então em Descartes, *Princ. phil.* ["Princípios da Filosofia"], IV, 190; e plenamente desenvolvido em Locke.

52. É digno de nota que já o Pai da Igreja, Agostinho, sabia-o perfeitamente, ao passo que tantos modernos, com sua suposta "faculdade de sentimento", não compreendam isso. A saber: Em *De civit. Dei* ["Cidade de Deus"], Lib. XIV, c. 6, ele fala dos *affectionibus animi* [afecções da alma], os quais ele, no livro anterior, reduziu a quatro categorias, *cupiditas, timor, laetitia, tristitia* [desejo, temor, alegria, tristeza], e diz: *voluntas est quippe in omnibus, imo omnes nihil aliud, quam voluntates sunt: nam quid est cupiditas et laetitia, nisi voluntas in eorum consensionem, quae volumus? et quid est metus atque tristitia, nisi voluntas in dissensionem ab his, quae nolumus?* ["a vontade está em todas elas, ou antes, elas não são nada mais que vontades: pois que é o desejo e a alegria senão a vontade em concordância com o que queremos? E que é o medo e a tristeza, senão uma vontade em discordância das coisas que não queremos?"].

das as inumeráveis outras que se encontram entre esses extremos, pois a essência de todas essas afecções consiste em irromperem imediatamente na autoconsciência como sendo conformes à vontade ou contrárias a ela. Inclusive, se bem observarmos, mesmo do nosso próprio corpo somos imediatamente conscientes apenas como sendo ele o órgão da vontade que atua voltado para o exterior e a sede da receptividade das sensações agradáveis ou dolorosas, mas elas próprias, como se disse, remetem a afecções totalmente imediatas da vontade, conformes ou contrárias a ela. Ademais, quer nelas incluamos ou não esses meros sentimentos de prazer e desprazer, em todo caso vemos que todos aqueles movimentos da vontade, aquele cambiante querer e não querer que, em seu constante fluxo e refluxo, constitui o único objeto da autoconsciência – ou, se se quiser, do sentido interno –, encontram-se numa permanente relação, por todos reconhecida, com aquilo que se percebe e conhece no mundo exterior. Esse último, por outro lado, como se disse, já não se encontra na alçada da *autoconsciência* imediata, pois chegamos aos seus limites, lá onde ela topa com o domínio da *consciência de outras coisas*, tão logo toquemos o mundo exterior. Mas os objetos aí percebidos são o material e a ocasião [*der Stoff und der Anlass*] de todos aqueles movimentos e volições. Isso não deve ser interpretado como uma *petitio principii*, pois ninguém pode negar que nosso querer sempre tem como objeto coisas externas às quais ele se dirige, em torno das quais gira e que, no mínimo, incitam-no como motivos, posto que quem o negasse teria de se haver com uma vontade totalmente apartada do mundo exterior e encerrada no obscuro recôndito da autoconsciência. Por ora, para nós permanece problemática apenas a necessidade com que aquelas coisas no mundo exterior determinam as volições.

Temos assim a autoconsciência muito intensa e, na verdade, até exclusivamente ocupada com a *vontade*. Nossa atenção agora se dirige a ver se essa autoconsciência, em meio ao seu único material, encontra aqueles dados dos quais resulte a *liberdade* daquela mesma vontade, no sentido claro e determinado que apresentamos anteriormente. A esse ponto queremos agora nos dirigir, depois de já termos nos aproximado consideravelmente do tema, ainda que apenas bordejando-o.

II

A vontade perante a autoconsciência

Quando um homem *quer*, ele quer algo: sua volição é sempre dirigida a um objeto e só pode ser pensada com relação a esse. O que significa então querer algo? Quer dizer: a volição, que de início é ela mesma apenas objeto da autoconsciência, surge por ocasião de algo que pertence à consciência *de outras coisas*, portanto, de um objeto da faculdade de conhecimento, objeto esse que, nessa relação, é chamado de *motivo* e ao mesmo tempo é o material da volição, na medida em que esta é dirigida a despertar uma modificação qualquer, reage a isso: nessa *reação* consiste toda a sua essência. Daqui já fica claro que, sem o objeto, não poderia ocorrer a volição, pois lhe faltariam tanto o material quanto a ocasião. Mas o que se pergunta é se, havendo esse objeto para a faculdade de conhecimento, a volição também *precisa* ocorrer ou se, ao contrário, poderia ser o caso de que não surgisse volição alguma, ou talvez uma completamente distinta ou talvez até uma diametralmente oposta. Ou seja, surge a questão sobre se aquela reação poderia não se dar ou se, sob circunstâncias completamente iguais, poderia resultar distinta ou até contrária. Em suma, isso quer dizer: a volição é necessariamente provocada pelo motivo? Ou, antes, a vontade conserva uma total liberdade de querer ou não querer quando aquele motivo adentra a consciência? Aqui o conceito de liberdade é tomado naquele sentido abstrato anteriormente explicado e que se demostrou ser o único aqui aplicável, isto é, como mera negação da necessidade, e com isso se tem estabelecido o nosso problema. Mas os dados para a sua solução têm de ser buscados na *autoconsciência* imediata e vamos verificá-los direito ao final dessa exposição, mas não cortaremos o nó mediante uma decisão sumária, como Descartes, que afirmou sem mais nem menos: "*Libertatis autem et indifferentiae, quae in nobis est, nos ita conscios esse, ut nihil sit, quod evidentius et perfectius comprehendamus.*" (Princ. phil. I, § 41).[53] Leibniz já reprovou o que há de insustentável nessa afirmação (*Theod.*, I, §50, e III, §292), embora ele próprio, nesse ponto, fosse apenas um caniço ao vento e, após declarações contraditórias, finalmente tenha

---

53. "Mas somos tão conscientes da liberdade e da indeterminação que existe em nós que não há nada que percebamos de forma mais evidente e perfeita." (N.T.)

chegado ao resultado de que os motivos inclinariam a vontade, mas não a necessitariam. A saber, ele diz: "*Omnes actiones sunt determinatae, et nunquam indifferentes, quia semper datur ratio inclinans quidem, non tamen necessitans, ut sic potius, quam aliter fiat.*" (Leibniz, *De libertate: Opera*, ed. Erdmann, p. 669)[54]. Isso me dá a ocasião de observar que um tal caminho intermediário entre as duas alternativas anteriormente postas não é sustentável; e que não se pode dizer a seu bel-prazer, conforme certa parcialidade, que os motivos determinam a vontade apenas em certa medida, que ela sofreria sua influência mas apenas até certo grau e que poderia, por conseguinte, subtrair-se a eles. Pois, assim que tenhamos atribuído causalidade a uma dada força, isto é, tenhamos sabido que ela é eficiente, em caso de eventual resistência basta que se intensifique a força de acordo com a medida dessa resistência, e aquela consumará seu efeito. Aquele que não se deixa subornar por 10 ducados, mas vacila, deixar-se-á por 100, e assim por diante.

Voltamo-nos agora ao nosso problema para a *autoconsciência* imediata, no sentido anteriormente estabelecido. Que esclarecimentos será que essa autoconsciência nos oferece sobre aquela questão abstrata, ou seja, sobre a aplicabilidade ou não do conceito de *necessidade* à ocorrência da volição após um motivo se dar, isto é, ser representado para o intelecto [*Intellekt*]? Ou sobre a possibilidade ou impossibilidade de uma ausência da volição em um tal caso? Estaríamos muito iludidos se esperássemos dessa autoconsciência esclarecimentos minuciosos e profundos sobre a causalidade em geral e sobre a motivação em particular, como também sobre a eventual necessidade que ambas carregam consigo; pois a autoconsciência, tal como habita em todos os homens, é algo demasiado simples e limitado para que pudesse ter voz sobre coisas assim: na verdade, esses conceitos são criados a partir do entendimento puro, que se dirige para o exterior, e deles não se pode falar senão perante o foro da razão reflexiva. Aquela autoconsciência natural, por outro lado, simples e até mesmo simplória, não pode sequer entender a questão, que dirá respondê-la. Sua afirmação acerca das volições que cada um há de obedecer em seu próprio íntimo, se a despirmos de tudo o que é extrínseco e inessencial e a reduzirmos a seu conteúdo nu, pode ser expressa mais ou menos assim: "posso querer; e quando eu quiser uma ação, os membros móveis do meu corpo a realizarão imediata e impreterivelmente, tão logo eu a queira". Em resumo, isso significa: "*Posso*

---

54. "Todas as ações são determinadas e jamais indiferentes, porque sempre há uma razão que inclina, mas não obriga, a que se faça de tal maneira ou de outra." (N.T.)

fazer o que eu quiser". A afirmação da autoconsciência imediata não vai além disso, por mais que se a revire e qualquer que seja a forma em que se ponha a questão. Assim, sua afirmação sempre se refere ao *poder fazer conforme a vontade*: mas esse é o conceito empírico, originário e popular da liberdade que se estabeleceu já no princípio e segundo o qual *livre* significa "*conforme a vontade*". A autoconsciência afirmará incondicionalmente tal liberdade. Entretanto, não é acerca dela que nos perguntamos. A autoconsciência afirma a liberdade do *fazer* sob a pressuposição do *querer*: porém o que se questiona é justamente a liberdade do *querer*. É que estamos examinando a relação do próprio querer com o motivo: mas, a esse respeito, aquela afirmação "posso fazer o que eu quiser" não contém nada. A dependência que nosso fazer, isto é, nossas ações corporais, têm de nossa vontade, dependência que a autoconsciência efetivamente afirma, é algo completamente distinto da independência de nossas volições das circunstâncias exteriores, a qual constituiria a liberdade da vontade. Sobre esta, contudo, a autoconsciência nada pode afirmar, porque está fora de sua esfera de atuação; pois a liberdade da vontade diz respeito à relação causal do mundo externo (que nos é dado como consciência de outras coisas) com nossas resoluções; mas a autoconsciência não pode julgar a relação do que está totalmente fora de sua alçada com aquilo que se encontra dentro dela. Pois nenhuma potência cognitiva pode estabelecer uma relação em que um dos membros não lhe pode ser dado de maneira alguma. E é evidente que os *objetos* do querer, os quais justamente determinam a volição, encontram-se fora dos limites da *autoconsciência*, na consciência *de outras coisas*; o que está em questão é apenas a própria volição *na* consciência das outras coisas e a relação causal de uma com a outra. O único assunto da autoconsciência é a volição e seu absoluto domínio sobre os membros do corpo, que é na verdade o que se tem em vista com "o que eu quero". Ademais, é somente o exercício desse domínio, isto é, *o feito* [*die Tat*], o que caracteriza esse ato como volição, inclusive perante a própria autoconsciência. Pois, enquanto se encontra em gestação, a volição é chamada *desejo*; quando realizada, *resolução*; mas é unicamente o feito que demonstra à autoconsciência que se trata, efetivamente, de uma resolução; pois, até chegar a ele, a volição é mutável. E aqui nos deparamos já com a principal fonte daquela aparência, efetivamente inegável, em virtude da qual o ingênuo (isto é, filosoficamente inculto) acha que, em um dado caso, ser-lhe-iam possíveis volições opostas; e apela à sua autoconsciência que, ele acha, afirma-o. É que ele confunde o desejar com o querer.

Ele pode *desejar* coisas opostas,[55] mas só pode *querer* uma delas, sendo exclusivamente *o feito* que manifestará, também à autoconsciência, qual delas ele de fato quis. Precisamente por isso, a autoconsciência não pode conter em si nada acerca da necessidade conforme as leis [*gesetzmäßig*] em virtude da qual, entre dois desejos opostos, um e não o outro se tornará volição e feito, pois ela não sabe o resultado de modo *a priori*, experimentando-o apenas totalmente *a posteriori*. Diante dela, desejos opostos sobem e descem com seus motivos, alternada e repetidamente. A cada um desses ela afirma que se tornará um feito quando se tornar uma volição. Pois, para cada um deles, decerto existe essa última possibilidade puramente *subjetiva*, e nela consiste precisamente o "posso fazer o que eu quiser". Todavia, essa possibilidade *subjetiva* é de todo hipotética, e significa simplesmente: "se quero isto, posso fazê-lo". Não é aí, contudo, que reside a requerida determinação do querer, pois a autoconsciência contém meramente o querer e não as razões determinantes do querer, as quais se encontram na consciência das outras coisas, isto é, na faculdade de conhecimento. Ao contrário, é a possibilidade *objetiva* que é decisiva. Esta, porém, se encontra fora da autoconsciência, no mundo dos objetos, aos quais pertencem o motivo e o homem enquanto objeto, razão pela qual ela é alheia à autoconsciência e pertence à consciência das outras coisas. Aquela possibilidade *subjetiva* é do mesmo tipo que aquela que a pedra tem de produzir faíscas, a qual, entretanto, é condicionada pelo aço, ao qual se liga a possibilidade *objetiva*. Tornarei a esse ponto a partir de uma outra perspectiva na próxima seção, na qual a vontade será considerada não mais a partir de dentro, como aqui, mas sim a partir de fora, examinando-se assim a possibilidade *objetiva* da volição. Assim, iluminado a partir de dois diferentes lados, o assunto obterá sua plena distinção e será também ilustrado por meio de exemplos.

Portanto, acompanha-nos sempre o sentimento de que "posso fazer o que eu quiser", que se encontra na autoconsciência, mas ele meramente significa que as resoluções ou os atos decisivos de nossa vontade, embora surgindo na obscura profundidade de nosso íntimo, sempre passam logo para o mundo intuível [*die anschauliche Welt*], pois a ele pertencem nosso corpo e tudo o mais. Essa consciência forma a ponte entre o mundo interior e o mundo exterior, os quais de outra forma permaneceriam separados por um abismo sem fundo, pois neste último haveria, como objetos, meras intuições independentes de nós em todos

---

55. Sobre isso, cf. "*Parerga e Paralipomena*", v. 2, §327 da primeira edição.

os sentidos, enquanto naquele nada haveria além de volições ineficazes e meramente sentidas. Se perguntássemos a um homem ingênuo acerca daquela consciência imediata que é tão frequentemente tomada como sendo a consciência de uma suposta liberdade da vontade, ele a expressaria mais ou menos assim: "Posso fazer o que eu quiser: se quero ir para a esquerda, vou para esquerda; se quero ir para a direita, vou para a direita. Isso depende unicamente de minha vontade: portanto, sou livre.". Essa afirmação é perfeitamente correta e verdadeira, mas nela a vontade já se encontra pressuposta: é que ela assume que a vontade já se teria decidido, de modo que daí nada se pode extrair sobre seu próprio ser livre. Pois ela nada diz sobre a dependência ou independência da *ocorrência* da própria volição, mas sim apenas de suas *consequências*, ou, mais precisamente, de seu inevitável aparecimento [*Erscheinung*] enquanto ação corporal. É apenas a consciência na base dessa afirmação que permite que o ingênuo, ou seja, o homem filosoficamente inculto, que ainda assim pode muito bem ser um erudito em outras matérias, tome a liberdade da vontade por uma certeza tão completamente imediata que ele a declara uma verdade indubitável, não conseguindo realmente acreditar que os filósofos a ponham sinceramente em dúvida. Em seu coração, acha que todo o palavrório sobre isso seria mero exercício de esgrima na dialética escolar e, no fundo, um divertimento. Contudo, justamente por sempre ter à mão a importante certeza dada por essa consciência, e ainda mais porque o ser humano, de início e essencialmente um ser prático e não um teórico, é muito mais nitidamente consciente do lado ativo de suas volições, ou seja, de sua eficácia [*Wirksamkeit*], do que do lado *passivo*, ou seja, de sua dependência, justamente por isso é difícil que o homem filosoficamente inculto capte o verdadeiro sentido de nosso problema e chegue a compreender que a questão não é sobre as *consequências*, mas sobre os *fundamentos* [*Gründe*] de seu correspondente querer. Vá lá, que o seu *fazer* dependa unicamente de seu *querer*, o que agora se exige saber é do que depende *seu próprio querer*: de nada ou de algo? Vá lá, que ele de fato possa *fazer* esta coisa, se quiser, e da mesma forma aquela outra, se quiser, mas agora ele deve refletir se também é capaz de *querer* tanto uma quanto a outra. Quanto a isso, questionemos esse homem assim: "Podes realmente acatar tanto um quanto outro dos desejos opostos que surgem dentro de ti? Por exemplo, numa escolha entre dois objetos mutuamente excludentes, podes preferir um tão bem quanto o outro?" Então ele dirá: "Talvez eu possa achar a escolha difícil, mas sempre dependerá unicamente de mim, e de nenhuma outra instância, se *quero* escolher um ou outro: então tenho total liberdade sobre qual *quero* escolher, de modo que sempre seguirei unicamente minha própria *vontade*". Ao que se pergunta: "Mas teu próprio querer depende de quê?". Então o homem responde a partir de sua autoconsciência: "De absolutamente nada senão de mim! Posso querer o que eu quiser: o que eu quero é o que eu quero". – E isso ele diz sem pretender a tautologia ou sem, no íntimo de sua consciência, apoiar-se no princípio de identidade, apenas em virtude do qual aquilo é verdadeiro. Antes, pressionado ao extremo, ele está falando aqui de um querer de seu querer, que é como se estivesse falando de um eu do seu eu. Ele foi impelido ao cerne de sua autoconsciência, lá onde seu eu e sua vontade coincidem de modo indiscernível e nada resta para julgar a ambos. Se havia naquela escolha qualquer possibilidade de que *seu próprio querer* isso e não aquilo, assumindo aqui como dados a sua pessoa e os objetos da escolha, também pudesse ter tido resultados diferentes do que por fim obteve, ou se a partir daqueles dados o mesmo teria de ser necessariamente constatado, como num triângulo o lado maior tem de se encontrar oposto ao maior ângulo; essa é uma questão tão distante da *autoconsciência* natural que ela nem ao menos pode chegar a compreendê-la, que dirá trazer dentro de si, pronta ou mesmo apenas de forma embrionária, uma resposta que precisasse apenas enunciar singelamente. – É desse modo que o homem ingênuo, mas filosoficamente inculto, continuará procurando escapar da perplexidade que a questão há de gerar se tiver sido realmente compreendida, refugiando-se, como dito anteriormente, atrás daquela certeza imediata: "o que eu quero, posso fazer, e eu quero o que quero". É o que ele continuará tentando inúmeras vezes, de novo e de novo, de modo que será difícil levá-lo a encarar propriamente a questão, da qual ele sempre procura escapulir. Não o levemos a mal, pois a questão é mesmo delicadíssima. Com sua mão inquisitiva, ela toca a mais íntima essência do homem: ela quer saber se, como tudo o mais no mundo, também o homem seria um ser de uma vez por todas decidido por sua própria constituição [*Beschaffenheit*], um ser que, como todos os demais na natureza, teria suas propriedades fixas e determinadas a partir das quais resultam necessariamente suas reações ao surgimento de uma ocasião externa, as quais têm um caráter, por esse lado, inalterável e, portanto, estão totalmente à mercê da determinação por ocasiões exteriores naquilo que poderão ter de modificável; ou se, ao contrário, apenas ele constitui uma exceção a toda a natureza. Caso finalmente se consiga fazer com que ele encare essa questão tão delicada e fique claro para ele que o que está sendo examinado aqui é a origem de suas próprias volições, uma certa regra ou um completo desregramento de seu surgimento, então se descobrirá que a autoconsciência imediata não dispõe de quaisquer informações a respeito disso, já que o homem ingênuo se afasta dela nesse ponto e expõe sua perplexidade com especulações e tentativas de explicações de todo tipo, cujos fundamentos pretende tomar ora da experiência, tal e como a tem feito em si e nos outros, ora das regras gerais do entendimento; mas com a incerteza e vacilação de suas explicações mostra sobejamente que sua autoconsciência imediata não mais fornece quaisquer informações para a questão corretamente compreendida, como há pouco as tinha para a questão que não compreendera. Ao fim, isso se deve ao fato de que a vontade do homem é seu próprio eu, o verdadeiro cerne de seu ser: por isso, ela própria perfaz o fundamento de sua consciência como algo pura e simplesmente dado e existente, além do qual ele não consegue ir. Pois ele próprio é como quer e quer como é. Assim, perguntar-lhe se ele também poderia querer diferentemente de como quer é perguntar-lhe se ele também poderia ser um outro que não ele próprio, e isso ele não sabe. Justamente por isso, também o filósofo, que se distingue daquele homem apenas pelo treino, se quiser chegar à clareza nessa difícil discussão, tem de se voltar, como única e derradeira instância competente, para o seu entendimento, que fornece conhecimentos *a priori*, para a razão, que reflete sobre eles, e para a experiência, que apresenta seu fazer e o dos outros para a interpretação e verificação de tal conhecimento intelectual. A decisão dessa instância não será, por um lado, tão fácil, imediata e simples como a da autoconsciência, mas será objetiva e suficiente. Foi a cabeça quem levantou a questão, e é também ela quem tem de respondê-la.

Aliás, não pode nos admirar que a autoconsciência imediata não tenha nenhuma resposta para apresentar àquela questão abstrusa, especulativa, difícil e delicada. Pois ela constitui uma parte muito restrita de nossa consciência total, a qual, obscura em seu íntimo, dirige-se com todas as suas objetivas forças cognitivas totalmente para o exterior. De fato, todos os seus conhecimentos completamente seguros, isto é, aqueles conhecidos *a priori*, dizem respeito tão somente ao mundo exterior e, assim, segundo certas leis universais nela mesma enraizadas, a consciência pode decidir com segurança sobre o que lá fora é possível, o que é impossível, o que é necessário, realizando de modo *a priori* matemática pura, lógica pura e até a pura ciência fundamental da natureza. Em seguida, a aplicação de suas formas *a priori* aos dados que lhe são entregues pelos sentidos lhe fornece o mundo real e intuível e, portanto, a experiência: depois, a aplicação da lógica e da capacidade de pensar a ela subjacente àquele mundo externo fornecerá os conceitos, o mundo dos pensamentos e, com isso, as ciências e suas realizações etc. Sendo assim, *lá fora* há muita luz e claridade diante de seu olhar. *Por dentro*, contudo, é escuro como um telescópio bem enegrecido: nenhum princípio *a priori* ilumina a noite de seu próprio interior; ao contrário, esses faróis brilham para fora. Como explicado anteriormente, nada há diante do assim chamado sentido interno senão a própria vontade, a cujos movimentos remontam todos os assim chamados sentimentos internos. Mas tudo o que é fornecido por essa percepção interior reduz--se, como mostrado anteriormente, a querer e não querer, juntamente à prezada certeza de que "posso *fazer* o que *eu quiser*", que na verdade afirma: "vejo cada ato da minha vontade se apresentar imediatamente (de uma maneira totalmente incompreensível para mim) como uma ação do meu corpo" – e que, se bem entendida, é uma proposição empírica para o sujeito cognitivo. Não há nada a se encontrar aqui para além disso. Portanto, o tribunal a que se recorreu é incompetente para a questão levantada: na verdade, em seu sentido verdadeiro ela sequer pode ser levada até ele, pois ele não a entende.

Resumo agora, uma vez mais, de modo mais breve e simples, a resposta à nossa questão que obtivemos junto à autoconsciência. A *autoconsciência* de cada um afirma muito claramente que ele pode fazer o que quiser. Uma vez que ações totalmente opostas também podem ser pensadas como *queridas* por ele, segue-se que ele também pode fazer o contrário, *se quiser*. O entendimento inculto confunde isto com a afirmação de que, em um dado caso, ele também poderia *querer* o contrário, e a isto chama *liberdade da vontade*. Porém, na afirmação anterior não está de modo algum contido que ele, em um dado caso, poderia *querer* o contrário, mas sim meramente que, de duas ações contrárias, se ele *quer esta*, pode fazê-la e, se *quer aquela*, pode fazê-la igualmente: mas assim permanece em aberto se, em um dado caso, ele *pode querer* tanto uma quanto a outra, sendo isso objeto de um exame mais profundo do que aquele que pode ser decidido pela mera autoconsciência. A fórmula mais breve desse resultado, se bem que escolástica, rezaria: a afirmação da autoconsciência se refere à vontade apenas *a parte post*; a questão sobre a liberdade, ao contrário, *a parte ante*.[56] – Assim, aquela indis-

---

56. As expressões latinas "*a parte ante*" e "*a parte post*" são fórmulas escolásticas para se referir a dois distintos aspectos da eternidade, quando entendida como duração infinita: a infinidade do tempo que se estende ao passado e a que se estende ao futuro. As expressões aparecem com frequência no contexto das discussões acerca da eternidade do universo ou da anterioridade da alma com relação ao corpo. Schopenhauer está simplesmente afirmando que a relação da autoconsciência com a vontade só se refere à vontade *depois* que

cutível afirmação da autoconsciência, "posso fazer o que quiser", não contém nem decide absolutamente nada sobre a liberdade da vontade, que consistiria em que uma dada volição, num único caso individual, ou seja, num dado caráter individual, estaria necessariamente determinada pelas circunstâncias externas nas quais se encontra este homem, e tanto poderia se dar tal como agora se dá, como também de outra maneira. Acerca disso, entretanto, a autoconsciência permanece completamente muda, pois o tema está totalmente fora de sua alçada, já que reside na relação causal entre o homem e o mundo externo. Caso se pergunte a um homem de entendimento sadio, mas sem formação filosófica, em que consistiria a liberdade da vontade que ele afirma com tanta segurança a partir das informações de sua autoconsciência, responderá: "No fato de poder fazer o que eu quiser, desde que não me encontre fisicamente impedido". Ou seja, isso de que ele está sempre falando é a relação de seu *fazer* com seu *querer*. No entanto, como se mostrou na primeira seção, esta é ainda a mera liberdade *física*. Caso continuemos lhe perguntando se ele então, em um caso dado, pode *querer* tanto uma coisa quanto o seu contrário, num primeiro fervor ele até afirmará que sim; mas assim que começar a compreender o sentido da questão, começará a ficar pensativo, por fim cairá na insegurança e na confusão e, a partir dela, preferirá voltar a se salvar atrás de seu lema "posso fazer o que quiser" e aí se entrincheirará contra a todas as razões e todo raciocínio. Mas, como espero deixar fora de dúvida na próxima seção, a resposta correta ao seu lema rezaria: "podes *fazer* o que *queres*, mas a cada instante de tua vida só podes *querer* uma coisa determinada e pura e simplesmente nenhuma outra além dessa".

Na verdade, a discussão contida nesta seção já teria respondido à questão da Real Sociedade, e com uma negativa; embora apenas com relação ao ponto principal, já que também essa exposição da conjuntura na autoconsciência ainda receberá algum complemento no que se segue. Mas, em *um caso*, há também ainda outra confirmação dessa nossa resposta negativa. É que se agora voltarmos com a questão àquela autoridade que anteriormente indicamos ser a única competente, ou seja, ao entendimento puro, à razão que reflete sobre os dados desse entendimento e à experiência, que resulta de ambos, e se o seu veredicto fosse então o de que um *liberum arbitrium* absolutamente não existe, mas sim que o agir humano, como tudo na natureza, sucede em cada

---

ela já se apresentou, ao passo que a questão da liberdade tem a ver com a vontade *antes* de seu apresentar-se. (N.T.)

caso como um efeito que ocorre necessariamente, isso nos daria ainda a certeza adicional de que os dados a partir dos quais o procurado *liberum arbitrium* haveria de ser demonstrado *nem sequer podem* estar presentes na autoconsciência imediata. A partir disso, por meio da inferência *a non posse ad non esse*[57], que é o único caminho possível para se estabelecerem *a priori* verdades *negativas*, nosso veredicto ganharia ainda mais uma fundamentação racional além da empírica já apresentada até aqui, pelo que estaria duplamente correto. Pois não se pode admitir como possível uma declarada contradição entre as afirmações imediatas da autoconsciência e aquilo que resulta dos princípios fundamentais do entendimento puro e sua aplicação à experiência: essa autoconsciência mentirosa não pode ser nossa. Nesse sentido, deve-se observar que mesmo a presumida antinomia estabelecida por Kant não surge, nem mesmo nele,[58] do fato de tese e antítese provirem de diferentes fontes de conhecimento, uma das afirmações da autoconsciência e a outra da razão e da experiência; ao contrário, tese e antítese raciocinam ambas a partir de razões supostamente objetivas, embora a tese não se baseie em nada, a não ser na razão preguiçosa, ou seja, na necessidade de pararmos em algum momento a regressão, enquanto a antítese, ao contrário, tem todas as razões objetivas realmente a seu favor.

Portanto, esse exame *indireto* que agora deve ser realizado, e que se deterá ao campo da faculdade de conhecimento e do mundo externo à sua frente, imediatamente lançará muita luz sobre o exame *direto* realizado até agora. Servirá, assim, para complementá-lo, descobrindo as ilusões naturais que surgem das falsas interpretações daquela simplíssima afirmação da autoconsciência, quando entra em conflito com a consciência de outras coisas, que é a faculdade de conhecimento e que se enraíza com a autoconsciência num e mesmo sujeito. De fato, é apenas na conclusão desse exame indireto que alguma luz nos surgirá sobre o verdadeiro sentido e conteúdo desse "eu quero" que acompanha todas as nossas ações e sobre a consciência do caráter original e discricionário dessas ações, consciência pela qual elas são *nossas* ações; com o que, só então, o exame direto conduzido até aqui se encontrará completo.

---

57. "Do não ser possível ao não existir", ou seja, se algo é conceitualmente impossível não pode ser efetivamente real. (N.T.)

58. Cf., a esse respeito, a *Crítica da Razão Pura*, A445-A451 / B473-B479. (N.T.)

III

A vontade perante a
consciência das outras coisas

Uma vez que a faculdade de conhecimento é essencialmente direcionada para o exterior, se agora nos voltarmos para ela com nosso problema já sabemos de antemão que a vontade não pode ser aqui um objeto de percepção imediata, como era para a autoconsciência, ainda que esta tenha se mostrado incompetente na matéria. Antes, sabemos que aqui só podem ser considerados aqueles seres dotados de vontade, os quais se acham perante a faculdade de conhecimento como fenômenos objetivos e externos, ou seja, como objetos da experiência, e que como tal devem ser examinados e julgados, em parte de acordo com certas regras *a priori*, que são universais e sustentam a experiência em geral de acordo com sua possibilidade, em parte de acordo com fatos fornecidos pela experiência realizada e efetivamente acessível. Portanto, aqui não nos havemos mais com a própria *vontade*, como antes, pois ela se mostra apenas ao sentido interior, mas sim com seres querentes, *seres movidos pela vontade*, os quais são objetos do sentido externo. Se assim ficamos com a desvantagem de considerar o objeto próprio de nossa investigação apenas de modo mediado e a uma maior distância, isso é compensado pela vantagem de agora em nosso exame podermos nos servir de um órgão muito mais perfeito do que era aquela obscura, obtusa e unilateral autoconsciência direta, o chamado sentido interior: a saber, podemos nos servir agora do *entendimento*, o qual se encontra equipado com todas as forças e todos os sentidos externos voltados para a apreensão *objetiva*.

Encontramos a *lei da causalidade* como sendo a forma mais universal e essencial desse entendimento, pois até a intuição do mundo externo real se dá apenas através de sua mediação, quando então pronta e imediatamente apreendemos as afecções sentidas e as modificações em nossos órgãos sensíveis como "*efeitos*" e passamos instantaneamente (sem instrução, ensino e experiência) deles para as suas "*causas*", as quais, justamente através desse processo do entendimento, se apresentam então como *objetos no espaço*.[59] Daqui fica indiscutivelmente claro

---

59. A exposição detalhada dessa doutrina se encontra no trabalho sobre o Princípio de Razão Suficiente, § 21 da 2ª edição.

que a *lei da causalidade* nos é conhecida *a priori*, portanto como algo *necessário* com respeito à possibilidade de toda experiência em geral; e isso sem que careçamos da demonstração indireta, difícil e até mesmo insuficiente que Kant ofereceu dessa importante verdade. A lei de causalidade está estabelecida *a priori* como a regra geral a que estão submetidos, sem exceção, todos os objetos reais do mundo externo. Essa ausência de exceção se deve justamente à sua aprioridade. A lei se refere essencial e exclusivamente a *modificações* e afirma que onde e quando quer que no mundo objetivo, real, material, qualquer coisa, grande ou pequena, *se modifique*, muito ou pouco, necessariamente alguma outra coisa também tem de haver *se modificado antes*; e para que essa se tenha modificado, novamente uma outra, *antes dela*, por sua vez, precisa ter se modificado; e assim até o infinito, sem que jamais se possa chegar a ver e nem sequer pensar como possível, que dirá pressupor, algum ponto de partida dessa série regressiva de modificações que preenche o tempo como a matéria preenche o espaço. Pois a questão que se repete infatigavelmente, "o que suscitou essa mudança?", nunca mais concede ao entendimento um derradeiro ponto de descanso, por mais que ele se canse, razão pela qual uma causa primeira é tão impensável como um começo do tempo ou um limite do espaço. – A lei de causalidade não afirma senão que uma vez ocorrida a modificação anterior – a *causa* –, a posterior assim produzida – o *efeito* – tem de ocorrer impreterivelmente, portanto sucede *necessariamente*. Através desse caráter de *necessidade*, a lei de causalidade se mostra como uma forma do *princípio de razão*, que é a forma mais universal de toda nossa faculdade de conhecimento e que, assim como surge no mundo real como causalidade, assim também o faz no mundo do pensamento como lei lógica do fundamento do conhecimento, e até no espaço vazio, mas intuído *a priori*, como lei da dependência rigorosamente necessária da posição de todas as partes com relação às outras; – dependência necessária cuja demonstração especial e detalhada constitui o único tema da geometria. Por tudo isso, como já expliquei no começo, *ser necessário* e *ser consequência de uma dada razão* são conceitos intercambiáveis.

Assim, todas as *modificações* que se dão nas coisas objetivas [*objektive Gegenstände*] que se encontram no mundo exterior real estão submetidas à lei da *causalidade* e, portanto, ocorrem, quando e onde ocorrem, sempre de forma *necessária* e impreterível. – Não pode haver aqui nenhuma exceção, já que a regra é *a priori* certa para toda a possibilidade da experiência. Não obstante, quanto à sua *aplicação* a um caso dado, é apenas questão de se perguntar se se trata de uma *modificação* de um objeto real [*reales Objekt*][60] dado na experiência exterior: sendo o caso, suas modificações estão sujeitas à aplicação da lei da causalidade, quer dizer, têm de ser produzidas por uma causa, e, justamente por isso, *de maneira necessária.*

Se agora nos aproximarmos mais dessa própria experiência com nossa regra universal, certa *a priori* e, portanto, válida sem exceção para toda a experiência possível, e se considerarmos os objetos reais dados nessa experiência, a cujas eventuais modificações se refere nossa regra, então logo notamos neles algumas diferenças principais muito profundas, segundo as quais eles são classificados desde há muito: a saber, uns deles são inorgânicos, isto é, inanimados, e outros são orgânicos, isto é, vivos; e, dentre esses, uns são vegetais, outros animais. Esses últimos, por sua vez, ainda que essencialmente semelhantes uns aos outros e correspondentes ao seu conceito, encontramo-los em uma escala de perfeição bastante plural e finamente matizada, desde os que são ainda aparentados aos vegetais, deles mal se distinguindo, até os mais aprimorados e perfeitamente correspondentes ao conceito de animal: no topo dessa escala vemos o homem – a nós mesmos.

Sem nos deixar enganar por essa pluralidade, consideremos agora todos esses seres em conjunto apenas enquanto objetos reais da experiência e, de acordo com isso, procedamos a aplicar nossa lei de causalidade, estabelecida *a priori* para toda a experiência, às modificações que puderam se produzir em tais seres. Então veremos que, de fato, a experiência sempre se dá de acordo com a lei certa *a priori*; contudo,

---

60. A língua alemã possui dois termos normalmente traduzidos por "objeto": um de étimo latino, *Objekt*, e outro de étimo germânico, *Gegenstand*. Em suas respectivas raízes, ambos expressam a mesma ideia de algo que está posto em contraposição a um sujeito. Na língua corrente, *Gegenstand* é não só mais frequente como mais abrangente, sendo o termo usado para designar coisas em geral. *Objekt*, por sua vez, costuma ter um sentido mais específico e abstrato, mais próximo de "tema" ou "assunto", como quando se fala num objeto de pesquisa, de crítica ou de curiosidade, por exemplo, sentido que, no entanto, também pode ser expresso por *Gegenstand*. Embora Kant, de um modo geral, *pareça* ter pretendido uma distinção entre os termos, reservando *Gegenstand* para um objeto da experiência (uma intuição sensível formatada por um conceito do entendimento) e *Objekt* para coisas que não encontram uma referência na realidade efetiva, ainda é tema de discussão entre os comentadores até que ponto essa distinção é consistentemente mantida. A discussão também se estende ao uso que Schopenhauer faz desses termos. No entanto, como mostra esse pequeno parágrafo, Schopenhauer não parece pretender aqui nenhuma distinção conceitual, usando ambos os termos como sinônimos para designar objetos efetivos da experiência no mundo exterior, motivo pelo qual, na falta de um sinônimo correspondente em português, traduzo em geral ambos como "objeto", aqui e nas demais passagens do texto, salvo em ocorrências como a do começo deste parágrafo, para evitar uma expressão abstrusa como "objetos objetivos". (N.T.)

à grande *diversidade* essencial de todos aqueles objetos da experiência que nos vem à recordação corresponde também uma pertinente modulação da maneira pela qual a causalidade exerce sobre eles seu direito. Mais precisamente: vê-se que, de acordo com a tripla diferença entre corpos inorgânicos, vegetais e animais, a causalidade que rege todas as suas modificações se mostra igualmente em três formas, a saber: como *causa* [*Ursache*], no sentido mais estrito do termo, como *estímulo* [*Reiz*] ou como *motivação* [*Motivation*]; e isso sem que por essa modulação se diminua, no mínimo que seja, sua validade *a priori*, e, por conseguinte, a necessidade que ela estabelece no resultado.

A *causa*, no sentido mais estrito do termo, é aquilo em virtude de que ocorrem todas as modificações mecânicas, físicas e químicas dos objetos da experiência. É sempre caracterizada por dois traços: primeiro, nela se encontra a aplicação da terceira lei fundamental de Newton, "ação e reação são iguais entre si": quer dizer, o estado precedente, que se chama causa, experimenta uma modificação igual ao do seguinte, que se chama efeito. – Segundo, de acordo com a segunda lei de Newton, o grau do efeito é sempre exatamente proporcional ao da causa; consequentemente, uma intensificação desta produz também uma igual intensificação daquele, de modo que, conhecendo apenas o tipo de ação, a partir do grau da intensidade da causa se pode em seguida saber, medir e calcular também o grau do efeito, e vice-versa. Contudo, na aplicação empírica desse segundo traço não se pode confundir o efeito propriamente dito com seu fenômeno visível. Por exemplo: não se pode esperar que, no caso da compressão de um corpo, seu volume diminua imediatamente na proporção em que se aumenta a força compressora. Pois o espaço em que o corpo é constrangido diminui, o que, portanto, aumenta a resistência: e, se bem que aqui o efeito propriamente dito, que é a condensação, realmente cresça conforme a causa, como afirma a lei de Mariotte,[61] isto não se pode compreender a partir de seu fenômeno visível. Até um certo grau, o calor transmitido à água provoca aquecimento, mas para além desse grau, apenas a rápida evaporação: mas nessa se produz de novo a mesma relação entre o grau da causa e o do

---

61. "Lei de Boyle-Mariotte", às vezes designada simplesmente "lei de Boyle" ou ainda "lei de Mariotte", como aqui. Trata-se do princípio da termodinâmica acerca da compressibilidade dos gases, descoberto de forma independente pelo irlandês Robert Boyle (1627-
-1691) e pelo francês Edme Mariotte (1620-1684). A lei afirma que a pressão absoluta e o volume de um gás são inversamente proporcionais se a temperatura permanecer constante em um ambiente fechado. Isto é: a uma temperatura constante, o dobro de volume implicará a metade da pressão, e vice-versa. (N.T.)

efeito, e assim ocorre em muitos casos. Tais *causas no sentido mais estrito* são as que efetuam as modificações de todos os corpos *inanimados, isto é, inorgânicos*. O conhecimento e suposição de causas dessa espécie rege a consideração de todas as modificações que são objeto da mecânica, da hidromecânica, da física e da química. O fato de ser determinado exclusivamente por causas dessa espécie é a única característica própria e essencial de um corpo inorgânico ou inanimado.

A segunda espécie de causas é o *estímulo*, isto é, aquela causa que, em primeiro lugar, não sofre ela mesma *nenhuma* reação relacionada com a ação; e, em segundo lugar, aquela entre cuja intensidade e a intensidade do efeito não se encontra proporção alguma. Consequentemente, aqui o grau do efeito não pode ser medido e determinado de antemão segundo o grau da causa: antes, um pequeno aumento do estímulo pode causar um aumento muito grande do efeito ou também, inversamente, suprimir o efeito anterior ou até produzir um oposto. Por exemplo, é sabido que, com o calor, ou também pela adição de cal à terra, os vegetais podem ser impulsionados a um crescimento extraordinariamente rápido, atuando aquelas causas como estímulos de sua força vital: contudo, se aqui se ultrapassa um pouco que seja o grau adequado do estímulo, o resultado será, em lugar da vida aumentada e acelerada, a morte do vegetal. Igualmente, podemos tencionar e aumentar consideravelmente nossas forças espirituais com vinho ou ópio: mas se a justa medida do estímulo é ultrapassada, o resultado será exatamente o contrário. – Essa espécie de causas, ou seja, os *estímulos*, são os que determinam todas as mudanças dos organismos *enquanto tais*. Todas as mudanças e desenvolvimentos dos vegetais, assim como todas as funções ou mudanças meramente orgânicas e vegetativas dos corpos animais se dão por *estímulos*. Desse modo atua sobre eles a luz, o calor, o ar, a nutrição, todo fármaco e contato, a fecundação etc. – Enquanto a vida dos animais tem ainda toda uma outra esfera, da qual logo falarei, toda a vida dos vegetais se dá exclusivamente a partir de *estímulos*. Toda sua assimilação, seu crescimento, sua tendência com a corola para a luz e com as raízes para um solo melhor, sua frutificação, germinação etc., tudo isso são mudanças a partir de *estímulos*. Em algumas poucas espécies se acrescenta ainda um rápido movimento característico que, igualmente, sucede apenas a partir de estímulos, movimento pelo qual elas são, no entanto, denominadas plantas sensitivas. Como se sabe, essas são principalmente a *Mimosa pudica, Hedysarum gyrans* e a *Dionaea muscipula*. O fato de ser determinado exclusivamente e sem exceção por *estímulos* é característico dos vegetais. Portanto, é *vegetal* todo corpo cujos movimentos e mudanças característicos adequados à sua natureza sucedem sempre e exclusivamente a partir de *estímulos*.

A terceira espécie de causas motoras é aquela que designa o caráter dos *animais*: trata-se da motivação, isto é, da causalidade que passa pela *cognição* [*Erkennen*]. Na escala dos seres naturais, ela ocorre no ponto em que o ser mais complexo, e, portanto, possuidor de necessidades mais numerosas, já não pode satisfazê-las meramente por ocasião do estímulo, que tem de ser aguardado; antes tendo de estar em condições de escolher, agarrar e inclusive buscar o meio da satisfação. Por isso, nos seres desse tipo, em lugar de uma mera receptividade aos *estímulos* e do movimento em direção a esses, aparece a receptividade aos *motivos*, isto é, uma faculdade de representação [*Vorstellungsvermögen*], um intelecto em inúmeras gradações de perfeição, que materialmente se apresenta como cérebro e sistema nervoso, é justamente com isso que aparece a consciência. É sabido que à vida animal serve de base uma vida vegetativa que, como tal, acontece por *estímulos*. Mas todos os movimentos que o animal executa *enquanto animal* e que, precisamente por isso, dependem do que a fisiologia chama de *funções animais*, ocorrem como consequência de um objeto conhecido, ou seja, *por motivos*. Por conseguinte, é um *animal* todo corpo cujos movimentos e modificações externas características e de acordo com sua natureza sempre resultam de *motivos*, isto é, de *representações* presentes à consciência, aqui já pressuposta. Por mais infinitas gradações que a faculdade de representação, e com ela a consciência, possam ter dentro da série dos animais, em cada um deles há dela o bastante para que o motivo se apresente e ocasione seu movimento. Assim, a força motora interna, cuja exteriorização individual é provocada pelo motivo, manifesta-se à autoconsciência, agora existente, como aquilo que designamos pela palavra *vontade*.

Nem mesmo para o observador externo, como é aqui o nosso caso, pode haver quaisquer dúvidas quanto a se um dado corpo se move por *estímulos* ou por *motivos*, tão visivelmente distinto é o modo de atuação de um e de outro. Pois o estímulo sempre atua por contato imediato ou até por ingestão; e, mesmo onde esse contato não é visível, como quando o estímulo é o ar, a luz ou o calor, ele se trai pelo fato de que o efeito tem uma inequívoca proporção com a duração e intensidade do estímulo, ainda que essa proporção não permaneça idêntica em todos os graus do estímulo. Ao contrário, nos casos em que o movimento é causado por um *motivo*, todas essas diferenças desaparecem por completo. Pois aqui o meio próprio e mais próximo de atuação não é a atmosfera, mas sim única e exclusivamente o *conhecimento*. O objeto que atua como motivo não precisa senão ser *percebido, conhecido*; com o que é indiferente o tempo em que esteve na apercepção, se de perto ou de longe, ou com que claridade. Todas essas diferenças não mudam aqui em absoluto o grau do efeito: tão logo o objeto seja percebido, atua de igual maneira, desde que seja um fundamento de determinação da vontade a ser aqui excitada. Pois também as causas físicas e químicas, e também os motivos, atuam apenas na medida em que o corpo a ser afetado lhes seja *receptivo*. Acabei de dizer "da vontade a ser aqui excitada", pois, como já mencionado, isso que na verdade confere ao motivo a força de atuar, a mola secreta do movimento que ele provoca, mostra-se aqui interna e imediatamente ao próprio ser como aquilo que é designado pela palavra *vontade*. No caso dos corpos que se movem exclusivamente por estímulos (vegetais), chamamos aquela persistente condição interna de força vital; nos corpos que se movem apenas por causas no sentido mais estrito, chamamo-la força natural ou qualidade: ela é sempre pressuposta pelas explicações como sendo o inexplicável; porque aqui, no interior do ser, não há nenhuma autoconsciência à qual ela fosse imediatamente acessível. Mas deixo posta a questão, sem, contudo, pretender negá-la, quanto a se essa condição interna de sua reação às causas externas, presentes em tais seres desprovidos de cognição e até mesmo de vida, porventura seria – caso alguém, partindo dos *fenômenos em geral*, quisesse buscar aquilo que Kant chama de coisa em si – idêntica em sua essência a isso em nós que chamamos de *vontade*, tal como um filósofo recentemente pretendeu demonstrar.[62]

Por outro lado, não posso deixar sem explicação a diferença que, na motivação, introduz o elemento distintivo da consciência humana frente à do animal. Este elemento, que é propriamente designado pela palavra *razão*, consiste no fato de o homem não ser, como o animal, meramente capaz de uma apreensão *intuitiva* do mundo externo, mas também de poder abstrair dele conceitos gerais (*notiones universales*), os quais designa com palavras para poder fixá-los e estabelecê-los em sua consciência sensível; empreendendo assim inúmeras combinações que, ainda que se referindo sempre, tal como os conceitos de que elas consistem, ao mundo intuitivamente conhecido, perfazem propriamente isso a que se chama *pensar* e com o que se tornam possíveis as grandes vantagens do gênero humano frente aos demais, a saber: a linguagem, a reflexão, a retrospectiva ao passado, a preocupação pelo fu-

---

62. Compreende-se que aqui eu esteja me referindo a mim mesmo e apenas em virtude do exigido anonimato não pude falar em primeira pessoa.

turo, a intenção, o propósito, a ação planejada e em conjunto, o Estado, as ciências, as artes etc. Tudo isso se baseia na capacidade única, não intuitiva e abstrata de ter representações gerais denominadas *conceitos* (isto é, a quintessência das coisas), pois cada um deles compreende em si muitos indivíduos. Dessa faculdade prescindem os animais, mesmo os mais espertos: por isso não têm senão representações *intuitivas* e, consequentemente, conhecem apenas o que está diretamente presente, vivem apenas no presente. Portanto, os motivos pelos quais sua vontade é movida têm sempre de ser intuitivos e estar presentes. Daí que lhes seja facultada muito pouca *escolha*: a saber, meramente entre as coisas que podem ser intuídas dentro da limitação de seu campo de visão e de sua faculdade de apreensão, coisas que se fazem assim presentes no tempo e no espaço, entre as quais a que for a mais forte como motivo determina prontamente sua vontade, pelo que a causalidade do motivo se torna assim muito patente. Uma *aparente* exceção a isso é o *adestramento*, que é o temor atuando por meio do hábito; uma em certa medida *real* é o instinto, na medida em que, em virtude dele, o animal, na *totalidade* do seu modo de agir, não é posto em movimento propriamente por motivos, mas sim por um arranque e impulso internos, mas que, no detalhe das ações *individuais* e a cada instante, obtém pelos motivos sua determinação mais próxima; voltando assim à regra. A elucidação mais detalhada do instinto acabaria por me desviar demais do meu tema aqui: a ela está dedicado o 27º capítulo do segundo volume de minha obra principal. – O homem, ao contrário, graças à sua faculdade de representações *não intuitivas* por meio das quais *pensa* e *reflete*, possui um campo de visão infinitamente mais amplo, que compreende o ausente, o passado, o futuro: desse modo ele tem uma esfera de atuação de motivos e, consequentemente, também de escolha, muito maior que a do animal limitado ao estreito presente. O que determina seu fazer não é, via de regra, o que se apresenta à intuição sensível, o que está presente no espaço e tempo: antes, são meros *pensamentos* que ele leva em sua cabeça a toda parte aonde vá e que o tornam independente da impressão do presente. Se falham nisso, diz-se que sua ação foi irracional; ao contrário, ela será elogiada como *racional* quando é executada exclusivamente de acordo com pensamentos ponderados e, portanto, com total independência da impressão do presente intuitivo. Que o homem seja acionado por uma classe própria de representações (conceitos abstratos, pensamentos) que o animal não tem, fica exteriormente patente ao imprimir em todo seu fazer, até no mais insignificante, em todos os seus movimentos e passos, o caráter do *propo-*

sital e *intencional*: com o qual sua atividade é tão visivelmente distinta da dos animais que se vê diretamente como, por assim dizê-lo, seus movimentos são guiados por fios finos, invisíveis (os motivos constituídos de meros pensamentos), enquanto os dos animais são puxados pelas grosseiras e visíveis cordas do que é intuitivamente presente. Mas a diferença não vai além disso. O pensamento se torna *motivo*, assim como a intuição se torna *motivo*, tão logo ela é capaz de atuar sobre a vontade presente. Mas todos os motivos são causas e toda causalidade traz consigo necessidade. Mediante a sua faculdade de pensar, o homem pode tornar presentes para si os motivos cuja influência sobre sua vontade ele sente, e pode fazê-lo na ordem em que quiser, alternada e repetidamente, a fim de exibi-los para a vontade, e a isso se chama *refletir*: ele é capaz de deliberação e, graças a essa capacidade, tem um poder de *escolha* muito maior do que o que é possível para o animal. Daqui que ele seja, de fato, *relativamente livre*, a saber, livre da coerção dos objetos *intuitivamente presentes* que atuam sobre sua vontade como motivos e aos quais o animal está pura e simplesmente submetido: ele, ao contrário, se determina independentemente dos objetos presentes, de acordo com pensamentos, os quais são *seus* motivos. No fundo, essa *liberdade relativa* deve ser também o que as pessoas cultas, mas de pensamento não muito profundo, entendem como sendo a liberdade da vontade que o homem tem claramente como vantagem frente ao animal. Essa liberdade, entretanto, é meramente *relativa*, a saber, em relação ao intuitivamente presente, e meramente *comparativa*, a saber, em comparação com o *animal*. Com ela é modificada unicamente *a forma* da motivação, mas a *necessidade* do efeito dos motivos não é suprimida e nem sequer diminuída no mínimo que seja. O motivo *abstrato*, constituído por um mero *pensamento*, é uma causa externa determinante da vontade tanto quanto o intuitivo, constituído por um objeto real e presente: portanto, é uma causa como outra qualquer; e é também, igual às outras, sempre uma coisa real, material, na medida em que, por fim, sempre repousa sobre uma impressão recebida *desde fora*, quando e onde quer que o tenha sido. Tem apenas a vantagem do comprimento do fio condutor; com o que quero indicar que não está ligado, como os motivos meramente *intuitivos*, a uma certa *proximidade* no espaço e no tempo; mas sim que pode atuar através da maior distância e do maior tempo, pela mediação de uma longa cadeia de conceitos e pensamentos, a qual é uma consequência da constituição e da eminente receptividade do órgão que de início experimenta e recebe sua atuação, a saber, do cérebro humano ou da *razão*. Entretanto, isso não suprime no mínimo que seja sua *causalidade* e a *necessidade* com que ela se estabelece. Por isso, apenas um exame muito superficial pode tomar aquela liberdade relativa e comparativa por uma absoluta, por um *liberum arbitrium indifferentiae*. A capacidade de deliberação que dela surge não produz, de fato, nada mais que o muito frequentemente penoso *conflito dos motivos*, que serve à indecisão e cujo campo de batalha é todo o ânimo [*Gemüt*] e a consciência do homem. É que ele permite que os motivos repetidamente tentem sua força na vontade, uns contra os outros, com o que esta cai na mesma situação de um corpo sobre o qual atuam forças diversas em direções opostas, até que, ao fim, o motivo decididamente mais forte tira os outros de campo e determina a vontade; desenlace esse que se chama resolução e ocorre com total *necessidade* como resultado da batalha.

Se agora revisarmos toda a série de formas de causalidade, nas quais as *causas*, no sentido mais restrito do termo, se dissociam claramente dos *estímulos* e, finalmente, dos *motivos*, que por sua vez se dividem em intuitivos e abstratos, então notaremos que, ao percorrermos a série dos seres de baixo para cima, a causa e seu efeito se afastam um do outro cada vez mais, dissociam-se um do outro com mais clareza e se tornam mais heterogêneos, com a causa se tornando cada vez menos material e palpável, parecendo estar cada vez menos na causa e cada vez mais no efeito, com o que o conjunto da conexão entre causa e efeito perde seu caráter imediatamente apreensível e inteligível. De fato, tudo o que acabamos de dizer é o caso ao menos na causalidade *mecânica*, que é, por isso, a mais *apreensível* de todas: donde surgiu, no século passado, o falso esforço, que ainda persiste na França e, mais recentemente, também na Alemanha, de reduzir todas as outras a essa causalidade e de explicar por meio de causas mecânicas todos os processos físicos e químicos e, por meio desses, o processo vital. O corpo que se choca com outro e move o que está em repouso perde tanto movimento quanto transmitiu; aqui vemos, por assim dizer, a causa migrando para o efeito: ambos são bastante homogêneos, exatamente comensuráveis e palpáveis. É assim, na verdade, com todos os efeitos puramente mecânicos. Contudo, descobriremos que isso é cada vez menos o caso, ocorrendo, ao contrário, o que foi dito anteriormente, quanto mais alto subirmos, se em cada nível considerarmos a relação entre causa e efeito; por exemplo, entre o calor como causa e seus diferentes efeitos, como dilatação, incandescência, derretimento, vaporização, combustão, termoeletricidade etc.; ou entre a evaporação como causa e o resfriamento, ou a cristalização, como efeitos; ou entre o atrito do vidro como causa e a eletricidade livre e seus estranhos fenômenos como efeito; ou entre a lenta oxidação das placas como causa e o galvanismo e todos os seus fenômenos elétricos, químicos e magnéticos como efeito. Portanto, causa e efeito se *dissociam* cada vez mais, tornam-se *mais heterogêneos*, sua conexão *menos inteligível*, o efeito parece conter mais do que a causa lhe podia ter fornecido, pois essa se mostra cada vez menos material e palpável. Tudo isso ocorre ainda mais claramente se passarmos aos *corpos orgânicos*, nos quais as causas são meros *estímulos* – em parte exteriores, como os de luz, calor, ar, solo, nutrição; em parte internos, como os estímulos provocados pela ação de fluidos e partes uns sobre os outros – e seu efeito, a vida, a qual se apresenta, nas múltiplas configurações dos mundos vegetal e animal, em infinitas complicações e inúmeras diferenças de espécie.[63]

Mas será que, ao longo dessa crescente heterogeneidade, incomensurabilidade e ininteligibilidade da relação entre causa e efeito, a *necessidade* por ela posta também diminuiu em algo? De modo algum, nem um pouco. Tão necessariamente quanto a bola rolante coloca em movimento a que está em repouso, a garrafa de Leyden também descarregará quando tocada pela outra mão; o arsênico também matará tudo que é vivo; o grão de semente, armazenado seco e sem alteração durante milênios, tão logo for plantado em solo apropriado e exposto às influências do ar, da luz, do calor e da umidade, também há de germinar, crescer e se desenvolver numa planta. A causa é mais complicada, o efeito mais heterogêneo, mas a necessidade com a qual ocorre não é nada menor.

Na vida das plantas e na vida vegetativa dos animais, o estímulo é, em todos os aspectos, extremamente diferente da função orgânica por ele provocado, e ambos estão claramente dissociados, mas não propriamente *separados*; tem de haver um contato entre eles, por fino e invisível que seja. A separação completa ocorre apenas na vida animal, cujas ações são provocadas por motivos, de modo que a causa, que até então sempre mantinha uma conexão material com o efeito, agora se aparta totalmente dele, é de outra natureza, algo de início imaterial, uma mera representação. Assim, no *motivo* que provoca o movimento do animal, aquela heterogeneidade entre causa e efeito, a dissociação de ambos, sua incomensurabilidade, a imaterialidade da causa e, consequentemente, seu conteúdo aparentemente exíguo face ao efeito, atingiram o mais alto grau, e a incompreensibilidade da relação entre os dois se tornaria absoluta, se nós, como ocorre nas demais relações causais, conhecêssemo-la

---

63. A exposição mais detalhada desse descompasso entre a causa e o efeito pode ser encontrada no *A Vontade na Natureza*, na seção "Astronomia", p. 80 e seguintes da 2ª edição.

apenas *por fora*: mas aqui uma espécie bem diferente de conhecimento, um *interno*, complementa o exterior, e o processo que tem lugar como efeito depois da ocorrência da causa nos é intimamente familiar. Nós o designamos com um *terminus ad hoc*: vontade. Que, entretanto, assim como no caso do estímulo, a relação causal não tenha aqui perdido sua *necessidade*, afirmamo-lo tão logo a reconheçamos como *relação causal* e pensemos de acordo com esta forma que é essencial para o nosso entendimento. Além disso, encontramos a motivação totalmente análoga às outras duas configurações da relação causal expostas anteriormente, estando apenas num nível mais alto, ao qual elas se elevam em uma transição bastante gradual. Nos níveis mais baixos da vida animal, o *motivo* ainda está bastante aparentado ao *estímulo*: os zoófitos, os radiados em geral, e, entre os moluscos, os acéfalos têm apenas um pálido crepúsculo de consciência, tanto quanto necessário para perceber sua nutrição ou presa, apanharem-na para si quando disponíveis, mudarem-se para um lugar mais favorável. Por isso, nesses níveis inferiores, o efeito do motivo está presente diante de nós de maneira tão clara, imediata, decidida e inequívoca quanto o do estímulo. Pequenos insetos são atraídos à chama pelo brilho da luz; as moscas pousam confiantes na cabeça do lagarto que, diante de seus olhos, acabou de engolir uma de suas semelhantes. Quem sonhará com liberdade aqui? Nos animais superiores e mais inteligentes, o efeito do motivo se torna cada vez mais mediado: é que o motivo se separa tão mais claramente da ação por ele provocada que até poderíamos usar essa discrepância na distância entre motivo e ação como medida da inteligência dos animais. No homem ela se torna incomensurável. Por outro lado, mesmo nos animais mais inteligentes, a representação que se torna o motivo de suas ações tem ainda de ser sempre *intuitiva*: mesmo onde já se torna possível uma escolha, ela só pode ter lugar entre o que está presente à intuição. O cão fica hesitante entre o chamado de seu dono e a visão de uma cadela: o motivo mais forte determinará seu movimento; mas então sucederá tão necessariamente quanto um efeito mecânico. Vejamos esse efeito como um corpo que é tirado de seu equilíbrio e que por um tempo balança alternadamente para um lado e para o outro, até que se decida onde está seu centro de gravidade e ele tombe em sua direção. Enquanto a motivação estiver restrita a representações *intuitivas*, seu parentesco com o estímulo e a causa em geral será ainda patente porque o motivo, como causa efetiva, precisa ser algo real, algo presente e, de fato, tem de atuar fisicamente sobre os sentidos, ainda que de modo muito mediado, por meio da luz, do som ou do odor. Além disso, a causa está aqui perante o observador tão manifesta quanto o efeito: ele vê o motivo ocorrer e a ação do animal suceder impreterivelmente, desde que nenhum outro motivo ou treinamento igualmente patente atue em sentido contrário. É impossível duvidar da conexão entre os dois. Portanto, a ninguém ocorrerá atribuir ao animal um *liberum arbitrium indifferentiae*, isto é, um ato determinado por causa nenhuma.

Entretanto, onde a consciência é racional, capaz de conhecimento não intuitivo, isto é, de conceitos e pensamentos, lá os motivos se tornam totalmente independentes do momento presente e do entorno real, ficando, portanto, ocultos ao observador. Pois agora são meros pensamentos, que o homem leva em sua cabeça aonde vá, mas cuja origem está fora dessa cabeça, muitas vezes bem distante dali, ora na própria experiência de anos passados, ora na tradição alheia que lhe é comunicada por palavras ou pela escrita, às vezes até remontando aos tempos mais remotos, mas tendo uma *origem sempre real e objetiva*, ainda que, devido à combinação com frequência difícil de circunstâncias externas muito complicadas, entre os motivos acabe havendo também muitos erros e, por meio da tradição, muita ilusão e insensatez. A isso se acrescenta que o homem muitas vezes esconde dos demais os motivos daquilo que faz, às vezes até de si mesmo, como nos casos em que se ressabia e não reconhece o que realmente o move a fazer isso ou aquilo. Nisso, veem-no fazer o que faz e se procura, por conjectura, sondar seus motivos, os quais são pressupostos de modo tão firme e seguro quanto a causa daqueles movimentos de corpos inanimados que se tivessem visto suceder, na convicção de que tanto uns quanto os outros são impossíveis sem causas. Assim também, inversamente, nos nossos próprios planos e empreendimentos levamos em conta o efeito dos motivos sobre os homens com uma segurança que seria em tudo igual àquela com que se calculam os efeitos mecânicos dos dispositivos mecânicos, caso conhecêssemos os caracteres individuais dos homens em questão com a mesma exatidão com que ali se conhecem a largura e grossura da viga, os diâmetros das rodas, o peso das cargas etc. Cada um cumpre esse pressuposto sempre que olha para fora, quando lida com os outros e persegue fins práticos: pois a isso está determinado o entendimento humano. Mas quando se procura julgar o assunto teórica e filosoficamente, para o que na verdade a inteligência humana não está determinada, e se toma a si mesmo como objeto de juízo, então – em virtude da já descrita qualidade imaterial dos motivos abstratos, que consistem em meros pensamentos, pois não estão ligados ao presente nem ao entorno; seus próprios impedimentos, por sua vez, não sendo senão meros pensamentos, como contramotivos –, nesse caso, alguém pode se enganar a ponto de duvidar da existência daqueles motivos ou da necessidade de sua atuação, achando que o que foi feito poderia muito bem não o ter sido, que a vontade decide por si mesma, sem causa, e que cada um de seus atos seria um primeiro começo de uma série imprevisível de modificações assim produzidas. Esse erro se apoia particularmente na falsa interpretação daquela afirmação da autoconsciência sobejamente examinada na primeira seção, "posso fazer o que eu quiser"; sobretudo quando essa, como é sempre o caso, naturalmente ressoa sob a atuação de vários motivos que nos solicitam e se excluem mutuamente. Tudo isso, tomado em conjunto, é a fonte da ilusão natural de onde brota o erro segundo o qual em nossa autoconsciência se encontraria a certeza de uma liberdade de nossa vontade, no sentido de que esta, contra todas as leis do entendimento puro e da natureza, seria uma vontade que se decidisse sem razões suficientes e cujas resoluções, sob circunstâncias dadas, num e mesmo homem poderiam resultar dessa maneira ou da contrária.

Para elucidar de modo específico e maximamente claro o surgimento desse erro, que é tão importante para o nosso tema, e, assim, complementar a investigação da autoconsciência apresentada na seção anterior, pensemos, por exemplo, num homem que, no meio da rua, dissesse para si mesmo: "São seis da tarde, o dia de trabalho acabou. Agora posso dar um passeio; ou posso ir ao clube; também posso subir a torre e ver o pôr do Sol; posso também ir ao teatro; também posso visitar esse amigo, ou aquele outro; sim, posso até sair correndo pelo portão, mundo afora, e nunca mais voltar. Todas essas coisas dependem apenas de mim, tenho total liberdade para isso; contudo, agora não farei nada disso, mas sim voltarei para casa voluntariamente, para a minha esposa.". É exatamente como se a água falasse: "posso armar ondas enormes (sim! no mar e na tempestade), posso correr depressa (sim! no leito de uma correnteza), posso despencar respingando e espumando (sim! numa cachoeira), posso subir livremente como um jato no ar (sim! num chafariz), finalmente, posso até ferver e desaparecer (sim! ao calor de 100°); e, no entanto, não farei agora nada disso, mas voluntariamente continuarei aqui, clara e tranquila na lagoa reluzente". Assim como a água só pode fazer tudo isso quando ocorrem as causas determinantes de uma ou outra coisa, assim também aquele homem não pode fazer o que devaneia poder, senão sob a mesma condição. Até que as causas ocorram, isso lhe é impossível: mas então ele *precisa* fazê-lo, tanto quanto a água quando posta nas circunstâncias correspondentes. Seu erro, e toda a ilusão que surge aqui da autoconsciência falsamente interpretada, de que ele agora poderia muito bem fazer tudo isso, repousa, se melhor considerado, no fato de que, a cada vez, *uma única* imagem pode estar presente em sua fantasia, tudo o mais sendo excluído naquele momento. Portanto, ao imaginar o motivo de uma dessas ações propostas, ele logo sentirá seu efeito em sua vontade, que será solicitada: o termo técnico para isso é *velleitas*.[64] Mas então ele pensa que poderia também elevar isso a uma *voluntas*,[65] ou seja, executar a ação proposta: só que isso é ilusão. Pois logo se instalaria a reflexão e traria à sua lembrança os motivos que se opõem ou puxam em direções diversas; com o que ele veria que não chegará ao ato. Representando-se sucessivamente diferentes motivos excludentes, que de modo constante acompanham o "posso fazer o que quiser" interior, é como se a vontade, como um cata-vento num pivô bem lubrificado e sob ventos inconstantes, prontamente apontasse para qualquer motivo que a imaginação lhe oferecesse, sucessivamente para todos os motivos que se lhe apresentam como possíveis, e de cada um deles o homem pensa que poderia *querê-lo*, que poderia fixar a seta naquele ponto; o que é mera ilusão. Pois, na verdade, seu "posso querer isso" é hipotético e traz consigo o acréscimo "se eu não preferisse aquela outra coisa", o qual suspende aquele poder querer. – Voltemos àquele homem que deliberava às seis horas e pensemos que ele agora percebe que estou de pé atrás dele, filosofando sobre ele e contestando sua liberdade de executar todas aquelas ações que lhe são possíveis; poderia facilmente acontecer que, para me refutar, ele realizasse uma delas: mas então teriam sido precisamente minha negação e seu efeito sobre seu espírito de contradição o motivo que o impeliu. E, contudo, movê-lo-ia apenas para uma ou outra das ações *mais fáceis* entre as mencionadas anteriormente, por exemplo, ir ao teatro; mas de modo algum para a última mencionada, a saber, sair correndo mundo afora: para isso esse motivo seria demasiado fraco. – Da mesma forma, ao segurar na mão uma pistola carregada, alguns se enganam achando que poderiam atirar em si mesmos com ela. Para isso, o meio mecânico de execução é o de menos; o principal é um motivo extremamente forte e, portanto, raro, que tem a força monstruosa necessária para superar o desejo de viver ou, mais corretamente, o temor da morte: apenas depois de um tal motivo ocorrer é que ele pode realmente se matar, mas então

---

64. "Veleidade". (N.T.)

65. "Vontade". (N.T.)

precisa fazê-lo; a menos que um contramotivo ainda mais forte, se um desses for possível, impeça o ato.

Posso fazer o que eu quiser: posso, *se eu quiser*, dar tudo o que tenho aos pobres, tornando-me um deles – se eu *quiser*! –. Mas não consigo *querer*; pois os motivos contrários têm demasiado poder sobre mim para que eu o conseguisse. Por outro lado, se eu tivesse um outro caráter, um que me tornasse um santo, então eu poderia querê-lo; mas nesse caso eu não teria outra opção senão querê-lo; portanto, teria de fazê-lo. – Tudo isso passaria muito bem com o "posso *fazer* o que *eu quiser*" da autoconsciência, no qual ainda hoje em dia alguns filosofastros inadvertidos presumem ver a liberdade da vontade, tomando-a assim como um fato dado da consciência. Entre esses, destaca-se o Sr. Cousin, que merece por isso uma *mention honorable*, pois ensina em seu *Cours d'histoire de la philosophie, professé en 1819, 20, et publié par Vacherot, 1841*, que a liberdade da vontade é o fato mais confiável da consciência (v. 1, p. 19, 20), e censura a Kant por ele tê-la demonstrado apenas a partir da lei moral e a estabelecido como um postulado, pois afinal ela é um fato: "*pourquoi démontrer ce qu'il suffit de constater?*" (p. 50) "*la liberté est un fait, et non une croyance*" (*Ibid.*).[66] – Entrementes, na Alemanha tampouco faltam ignorantes que deitam fora tudo o que grandes pensadores disseram sobre isso nos últimos duzentos anos e, insistindo no fato da consciência, analisado na seção anterior e erroneamente apreendido por eles e por mais um monte de gente, preconizam a liberdade da vontade como sendo algo de fato dado. Talvez, contudo, eu esteja sendo injusto, pois pode ser que eles não sejam tão néscios quanto parecem, mas apenas faminosos e, por isso, em troca de um pedaço de pão seco, ensinem tudo o que possa ser aprazível a um alto ministério.

Não é nenhuma metáfora ou hipérbole, mas sim a verdade mais seca e literal, que tanto quanto uma bola de bilhar não pode entrar em movimento até que receba um choque, tampouco pode um homem se levantar de sua cadeira antes que um motivo o tire de lá ou o impulsione: mas então seu levantar-se é tão necessário e impreterível como o rolar da bola depois do choque. E esperar que alguém faça algo a que absolutamente nenhum interesse o exorta é como esperar que um pedaço de madeira se mova em minha direção sem uma corda que o puxe.

---

66. Referência a Victor Cousin (1792-1867), que mereceria uma "menção honrosa" pelo seu "Curso de história da filosofia, proferido em 1819 e publicado por Vacherot em 1841". "Por que demonstrar algo que basta constatar?", "a liberdade é um fato e não uma crença". (N.T.)

Alguém que numa discussão encontrasse obstinada oposição ao afirmar algo assim, sairia rapidamente da situação se mandasse um terceiro gritar de repente, bem alto e com a voz séria: "o vigamento vai desabar!", com o que seu oponente entenderia que um motivo é tão poderoso para lançar as pessoas para fora de casa como uma robusta causa mecânica.

Pois o homem, como todos os objetos da experiência, é um fenômeno no espaço e no tempo e, uma vez que para todos esses a lei da causalidade é válida de modo *a priori*, portanto sem exceção, também ele tem de se submeter a ela. É o que o puro entendimento diz *a priori*, é o que é confirmado pela analogia feita por toda a natureza e é o que testemunha a experiência a cada instante, se não nos deixamos iludir pela aparência produzida pelo fato de que, enquanto os seres naturais vão se tornando mais complicados ao ascenderem mais e mais alto, e sua sensibilidade se eleva e refina da mera sensibilidade mecânica a uma química, elétrica, estimulável, sensível, intelectual e, finalmente, racional, também a natureza das *causas eficientes* mantém aqui o passo e, a cada grau, tem de corresponder ao ser sobre o qual ela deve atuar: por isso então as causas vão se apresentando de modo cada vez menos palpável e material, por fim não sendo mais visíveis ao olho, conquanto alcançáveis ao entendimento que, no caso singular, as pressupõe com uma confiança inabalável e também as descobre, com a devida pesquisa. Pois aqui as causas eficientes são alçadas a meros pensamentos que lutam com outros pensamentos até que o mais poderoso deles prevaleça e ponha o homem em movimento; isso tudo se dando com o mesmo rigor da conexão causal como quando causas puramente mecânicas em complicada ligação atuam umas contra as outras e o resultado calculado ocorre infalivelmente. Em virtude da invisibilidade das causas, os pedacinhos eletrificados de cortiça, que saltitam em todas as direções dentro de um vidro, têm tanto a aparência de estarem desprovidos de qualquer causalidade quanto os movimentos do homem: o juízo, todavia, não compete ao olho, e sim ao entendimento.

Sob a pressuposição da liberdade da vontade, toda ação humana seria um milagre inexplicável – um efeito sem causa. E, se alguém se atreve a tentar tornar representável para si uma tal *liberum arbitrium indifferentiae*, logo percebe que o entendimento se silencia: ele não tem nenhuma forma para pensar algo assim. Pois o princípio de razão, o princípio da constante determinação e dependência dos fenômenos uns dos outros, é a forma mais geral da nossa faculdade de conhecimento, forma essa que, conforme as diferenças dos objetos conhecidos, assume ela própria diferentes configurações. Mas aqui temos de pensar em algo que determina sem ser determinado, que não depende de nada enquanto o outro depende dele, algo que atua sem necessitar, portanto sem razão, que afeta A quando poderia igualmente afetar B, C ou D, e que na verdade poderia fazê-lo mesmo que não houvesse em A nada que lhe desse a prerrogativa sobre B, C e D, pois se houvesse seria uma motivação, e portanto causalidade. Assim retornamos aqui ao conceito de *absolutamente contingente*, já posto no começo. Eu o repito: nisso o entendimento silencia por completo, ainda que se tenha podido levá-lo até aí.

Mas agora recordemos o que é em geral uma *causa*: a modificação precedente que torna necessária a subsequente. Nenhuma causa no mundo provoca seu efeito sozinha ou o produz a partir do nada. Antes, sempre há algo sobre o qual ela atua e no qual ela, apenas nesse momento, nesse local e dessa determinada maneira ocasiona uma modificação, a qual é sempre conforme à natureza da coisa, para a qual, portanto, já precisa haver nessa coisa a *força*. Assim, cada efeito surge de dois fatores, um interno e outro externo: a saber, da força original disso sobre o que se atua e da causa determinante, que necessita aquela a se exteriorizar aqui. Toda causalidade e toda explicação pressupõem uma força originária: por isso, elas nunca explicam tudo, deixando sempre algo de inexplicável. Vemos isso por toda a física e química: nelas, em toda parte suas explicações pressupõem forças naturais, que se exteriorizam nos fenômenos e na redução, na qual consiste a explicação. Uma força natural não está ela mesma submetida a nenhuma explicação, é antes o princípio de toda explicação. Tampouco está submetida a uma causalidade; antes, ela é exatamente isso que dá a toda causa sua causalidade, isto é, a capacidade de atuar. Ela própria é a base comum de todos os efeitos dessa espécie e está presente em todos eles. Desse modo, os fenômenos do magnetismo são reconduzidos a uma força originária chamada eletricidade. E com isso a explicação se silencia: ela meramente fornece as condições sob as quais uma tal força se exterioriza, isto é, as causas que provocam sua efetividade. As explicações da mecânica celeste pressupõem a gravitação como força, em virtude da qual atuam as causas individuais que determinam a marcha dos corpos celestes. As explicações da química pressupõem as forças ocultas, as quais se manifestam como afinidades eletivas segundo certas relações estequiométricas e sobre as quais repousam, enfim, todos os efeitos, os quais ocorrem pontualmente provocados por causas que são fornecidas. Da mesma forma, todas as explicações da fisiologia pressupõem a força vital, que enquanto tal reage de modo determinado a estímulos específicos, internos e externos.

E é sempre assim. Mesmo a mecânica, que é tão apreensível, se ocupa com causas como choque e pressão, as quais têm como pressupostas impenetrabilidade, coesão, persistência, dureza, inércia, peso, elasticidade, que não são nada menos do que as inescrutáveis forças naturais anteriormente mencionadas. Portanto, por toda parte as causas não determinam nada além do que o *quando* e o *onde* das *exteriorizações* de forças originais e inexplicáveis, apenas sob cuja pressuposição elas são causas, isto é, produzem necessariamente certos efeitos.

Assim como esse é o caso ao se falar de causas no sentido mais estrito e de estímulos, não o é menos ao se falar de *motivos*; pois a motivação não se distingue essencialmente da causalidade, da qual é apenas uma espécie, a saber, a causalidade que se dá por meio do conhecimento. Também aqui, portanto, a causa provoca apenas a exteriorização de uma força que não pode ser ainda mais reduzida a outras causas, uma força, assim, que não pode ser ela mesma explicada, a qual é aqui chamada de *vontade* e que nos é conhecida não meramente a partir do exterior, como as outras forças naturais, mas sim, em virtude da autoconsciência, também imediatamente e a partir do interior. Apenas sob a pressuposição de que há tal vontade e de que, no caso singular, ela possui uma certa constituição, é que atuam as causas a ela direcionadas, aqui chamadas de motivos. Essa constituição da vontade, especial e individualmente determinada, em virtude da qual a reação da vontade aos mesmos motivos é diferente em cada homem, é o que perfaz isso que se chama de seu *caráter*, ou antes, não sendo ele conhecido *a priori*, mas apenas pela experiência, de seu *caráter empírico*. Em princípio, é através dele que é determinado o modo de atuação das diferentes espécies de motivos sobre um dado homem. Pois ele subjaz a todos os efeitos provocados pelos motivos, do mesmo modo que a força natural universal subjaz aos efeitos provocados pelas causas em sentido estrito e a força vital aos efeitos dos estímulos. E, como as forças naturais, também ele é originário, imutável, inexplicável. Nos animais, ele é próprio a cada espécie; no homem, em cada indivíduo é diferente. Apenas nos animais superiores e mais espertos se pode notar já um caráter individual, ainda que em grande medida o caráter da espécie seja preponderante.

O *caráter do homem* é 1) *individual*: em cada um ele é diferente. É verdade que o caráter da espécie subjaz a todos, pelo que as propriedades principais são reencontradas em cada um. Entretanto, há aqui uma diferença de grau tão significativa para mais ou para menos, uma tal variedade de combinação e modulação das propriedades entre si, que se pode admitir que a diferença moral dos caracteres equivale à diferença das capacidades intelectuais, o que quer dizer muito, e que ambas são incomparavelmente maiores que a distinção corporal entre um anão e um gigante, entre Térsites e Apolo. Por isso, o efeito do mesmo motivo sobre diferentes homens é totalmente distinto; como a luz do Sol que torna a cera branca, mas enegrece a clorargirita, ou o calor que amolece a cera, mas endurece a argila. Por isso, não se pode apenas a partir do conhecimento do motivo predizer a ação; também o caráter precisa ser bem conhecido.

2) O caráter do homem é *empírico*. Apenas pela experiência é possível conhecê-lo, não apenas o dos outros, mas também o seu próprio. Eis por que frequentemente nos decepcionamos não apenas com os outros, mas conosco mesmos, quando descobrimos que não possuímos essa ou aquela propriedade, por exemplo, a justiça, o desinteresse, a coragem, no grau em que indulgentemente se supunha. Por isso, nossa própria resolução diante de uma escolha difícil também permanece um mistério para nós mesmos, como a de um estranho, até que ela esteja decidida: ora cremos que ela cairá para esse lado, ora para aquele, conforme esse ou aquele motivo seja apresentado pelo conhecimento à vontade e tente sua força sobre ela, com o que aquele "posso fazer o que quiser" produz a aparência da liberdade da vontade. Por fim, o motivo mais forte faz valer seu poder sobre a vontade, e a escolha muitas vezes se dá de modo distinto daquele inicialmente presumido. Assim, ninguém pode saber como o outro ou ele mesmo agirá numa determinada situação antes que essa já tenha acontecido: apenas depois da prova superada se estará seguro do outro, e somente então também de si mesmo. Mas então se está: são seguros os amigos postos à prova, os empregados testados. Em geral, tratamos um homem que nos é bem conhecido como qualquer outra coisa com cujas propriedades já travamos conhecimento e prevemos com confiança o que dele se pode e não pode esperar. Quem fez algo uma vez, fará novamente em casos futuros, para o bem e para o mal. Assim, quem carece de grande, extraordinária ajuda há de se voltar para aquele que já deu provas de uma índole generosa: e quem quiser contratar um assassino, há de procurar entre os que já têm as mãos sujas de sangue. Segundo a narrativa de Heródoto (VII, 164), Gélon de Siracusa se viu na necessidade de confiar uma grande soma de dinheiro a um homem, que teria de levá-la para o exterior por sua livre disposição: para isso ele escolheu Cadmo, que já havia dado provas de probidade e escrupulosidade incomuns e até inauditas. Sua confiança confirmou-se perfeitamente. – Na mesma medida, o conhecimento de nós mesmos, em que se fundamenta a confiança ou desconfiança de si, nasce apenas

da experiência e quando surge a oportunidade. Conforme tenhamos certa feita mostrado sensatez, coragem, probidade, discrição, lisura ou qualquer outra coisa que o caso requeira ou, ao contrário, se haja revelado a falta de tais virtudes – ficamos depois satisfeitos ou insatisfeitos conosco, em função do autoconhecimento assim obtido. Apenas o exato conhecimento de seu próprio caráter empírico proporciona ao homem aquilo que se denomina *caráter adquirido*: este é possuído apenas por aquele que conhece bem suas próprias qualidades, tanto as boas quanto as más, e sabe assim com segurança o que é lícito confiar e presumir de si e o que não é. Seu próprio papel, o qual, em virtude de seu caráter empírico, até então ele executava de modo natural, agora o desempenha técnica e metodicamente, com firmeza e decência, sem jamais, como se diz, se descaracterizar, coisa que sempre demonstra que alguém, num caso concreto, estava equivocado sobre si mesmo.

3) O caráter do homem é *constante*: permanece o mesmo ao longo de toda a sua vida. Sob o mutável envoltório dos anos, de suas relações, inclusive de seus conhecimentos e opiniões, encerra-se, como um caranguejo em sua concha, o idêntico e verdadeiro homem, totalmente imutável e sempre o mesmo. É apenas no material e no direcionamento, consequência da diversidade das idades e suas necessidades, que seu caráter experimenta modificações aparentes. *O homem não muda nunca*: tal e como agiu num caso, assim sempre agirá de novo em circunstâncias totalmente iguais (às quais, contudo, pertence também o conhecimento correto dessas circunstâncias). A confirmação dessa verdade se pode extrair da experiência cotidiana: mas obtemo-la da forma mais impressionante quando reencontramos um conhecido depois de vinte ou trinta anos, e logo o surpreendemos fazendo as mesmas travessuras de antes. – Alguns negarão essa verdade com palavras: mas eles mesmos a pressupõem em seu agir, quando não confiam nunca mais naquele que *uma vez* acharam ímprobo, mas talvez confiem naquele que anteriormente se mostrou probo. Pois sobre essa verdade se baseia a possibilidade de todo o conhecimento que temos dos homens e da sólida confiança que depositamos naqueles que foram examinados, provados e assegurados. Mesmo nas vezes em que tal confiança nos iludiu, nunca dizemos: "seu caráter mudou", mas sim "me enganei com ele". – Sobre ela se baseia também o fato de, quando vamos julgar o valor moral de uma ação, tentemos antes de tudo nos certificar sobre o seu motivo, mas nosso elogio ou censura não dizem respeito ao motivo, e sim ao caráter que pôde ser por ele determinado, caráter esse que é o segundo fator desse feito, e o único inerente ao homem. – Sobre a mesma verdade se baseia o fato de

que a verdadeira honra (não a dos cavaleiros ou a dos loucos), uma vez perdida, nunca é recuperada, pois a mácula de uma única ação indigna se adere ao homem para todo o sempre e, como se diz, marca-o como ferro em brasa. Donde o ditado: "uma vez ladrão, sempre ladrão". – Sobre ela se baseia o fato de que, se em algum momento for do interesse do Estado que uma traição seja cometida, um traidor será procurado, usado e recompensado; mas então, uma vez logrado o fim, a prudência ordena que o traidor seja afastado, já que as circunstâncias são mutáveis, mas seu caráter não o é. – Sobre ela se baseia o fato de que o maior defeito de um poeta dramático é que seus caracteres não se mantenham, isto é, que não sejam apresentados com a constância e a rigorosa coerência de uma força natural, como ocorre nos grandes poetas; tal e como demonstrei em Shakespeare com um detalhado exemplo em *Parerga*, v. 2, §118, p. 196 da primeira edição. – Sim, sobre a mesma verdade se baseia a possibilidade da consciência moral, na medida em que na velhice essa com frequência ainda nos acusa dos delitos de juventude, como, por exemplo, acusou J. J. Rousseau, 40 anos depois, de ter culpado a criada Marion pelo roubo que ele mesmo cometera.[67] Isso só é possível sob o pressuposto de que o caráter permaneceu o mesmo e inalterado; do contrário, os erros mais ridículos, a mais grosseira ignorância, a mais maravilhosa insensatez de nossa juventude não nos envergonharia na velhice: pois isso mudou, era uma questão de conhecimento, já voltamos de lá, livramo-nos disso como de nossas calças curtas. – Sobre a mesma verdade repousa o fato de que um homem, mesmo em posse do mais claro conhecimento, e até da repulsa às suas faltas e falhas morais, e inclusive com o mais sincero propósito de melhora, contudo, na realidade não melhore, e para seu próprio assombro, a despeito dos sérios propósitos e das honestas promessas, na próxima oportunidade seja de novo visto pelos mesmos caminhos de outrora. Apenas o seu *conhecimento* pode ser corrigido; daí que ele possa chegar à compreensão de que esse ou aquele meio que ele empregou no passado não o leva aos seus fins ou trazem mais desvantagens do que ganhos: então ele muda os meios, não os fins. Nisso se baseia o sistema penitenciário americano: ele não se propõe a melhorar o *caráter* do homem, seu coração, mas antes a colocar-lhe a cabeça no lugar e lhe mostrar que os fins a que ele, em virtude de seu caráter, invariavelmente anseia, seriam alcançados de modo muito mais difícil e com maior esforço e perigo pelo caminho da improbidade percorrido até aqui do que pelo caminho da honradez, do

---

67. Cf. *Confissões*, parte I, livro 2. (N.T.)

trabalho e da parcimônia. De modo geral, a esfera e o âmbito de toda melhora e enobrecimento reside apenas no *conhecimento*. O caráter é imutável, os motivos atuam com necessidade: mas eles têm de atravessar o *conhecimento*, que é, como tal, o meio dos motivos. Esse, porém, é passível de diversas ampliações, incessante correção em inúmeros graus: nisso trabalha toda a educação. A formação da razão, por conhecimentos e perspectivas de todo tipo, é moralmente importante porque é ela quem abre o acesso a motivos para os quais o homem, sem ela, permaneceria refratário. Eles não estão disponíveis à sua vontade até que os tenha entendido. Daí que, sob circunstâncias iguais, quando um homem se encontra pela segunda vez numa situação, essa é de fato totalmente diferente da primeira: é que só nesse entrementes ele se tornou capaz de compreender correta e completamente aquelas circunstâncias; pelo que agora atuam sobre eles motivos que antes lhe eram inacessíveis. Nesse sentido diziam muito bem os escolásticos: *causa finalis* (fim, motivo) *movet non secundum suum esse reale, sed secundum esse cognitum.*[68] Nenhuma influência moral vai além da correção do conhecimento, e o empreendimento de suprimir as falhas de caráter de um homem através de discursos e moralizações querendo recriar seu próprio caráter, sua verdadeira moralidade, equivale à pretensão de transformar chumbo em ouro através de uma influência externa, ou zelar pelos cuidados de um carvalho esperando que lhe nasçam damascos.

Encontramos a convicção da indubitável imutabilidade do caráter já em Apuleio, em sua *Oratio de magia*, onde ele, defendendo-se da acusação de feitiçaria, apela a seu conhecido caráter e diz: *Certum indicem cujusque animum esse, qui semper eodem ingenio ad virtutem vel ad malitiam moratus, firmum argumentum est accipiendi criminis, aut respuendi.*[69]

4) O caráter individual é *inato*: não é uma obra do artifício ou uma circunstância à mercê do acaso, mas sim a obra da própria natureza. Ele já se revela na criança, onde mostra em rascunho o que futuramente virá em grande escala. Por isso, em idênticas condições de educação e ambiente, duas crianças exibem de modo claríssimo caracteres essencialmente distintos: ele é o mesmo que elas ainda terão quando anciãs. Em suas linhas gerais, ele é até mesmo hereditário, mas apenas por parte

---

68. "A causa final não move por seu ser real, mas por ser conhecida." Cf. Francisco Suárez, *Disputationes metaphysicae*, disp. XXIII, seção 7 e 8. A citação não é literal. (N.T.)

69. "Há em cada ânimo um indício certo, que reside na disposição à virtude ou à malícia e apresenta um firme argumento para que se admita ou recuse a acusação de um crime." (N.T.)

de pai; a inteligência, por outro lado, herdam-na da mãe, a respeito do que remeto ao capítulo 43 do segundo livro de minha obra principal.

Dessa apresentação da essência do caráter individual, decerto se segue que virtudes e vícios são inatos. Essa verdade talvez seja inconveniente para alguns preconceitos e algumas filosofias de fiandeiras, com seus assim chamados interesses práticos, isto é, seus pequenos e estreitos conceitos e opiniões ginasianas: mas ela já era a convicção de Sócrates, o pai da moral, o qual, segundo nos diz Aristóteles, (*Eth. magna*, I, 9) afirmou: οὐκ ἐφ᾽ ἡμῖν γενέσθαι τὸ ὁπουδαίους εἶναι, ἢ φαύλους, χ. τ. λ. [*ouk eph'hemîn genésthai tò hopoudaíous eînai, è phaúlous, kh. t. l.*] (*in arbitrio nostro positum non esse, nos probos, vel malos esse*).[70] O que Aristóteles aqui evoca contra isso é evidentemente fraco: ele próprio compartilha daquela opinião de Sócrates e a afirma de modo claríssimo na *Eth. Nicom.*, VI, 13: "Πᾶσι γὰρ δοκεῖ ἕκαστα τῶν ἠθῶν ὑπάρχειν φύσει πως καὶ γὰρ δίκαιοι καὶ σωφρονικοὶ καὶ ἀνδρεῖοι καί τἆλλα ἄχομεν εὐθὺς ἐκ γενετῆς. [*Pâsi gàr dokeî hékasta tôn ethôn hypárkhein phýsei pos gàr díkaioi kaì sophronikoì kaì andreîoi kaì tâlla ákhomen euthýs ek genetês.*]" (*Singuli enim mores in omnibus hominibus quodammodo videntur inesse natura: namque ad justitiam, temperantiam, fortitudinem, ceterasque virtutes proclivitatem statim habemus, cum primum nascimur.*)[71] E se passarmos os olhos em todas as virtudes e os vícios que se encontram no *De Virtutibus et vitiis* de Aristóteles,[72] onde foram compilados num panorama, descobriremos que, em homens reais, todos eles só podem ser pensados como qualidades *inatas*, e somente como tais seriam autênticos; do contrário, oriundas da reflexão e voluntariamente aceitas, seriam como uma espécie de *dissimulação*, inautênticas, e por isso não se poderia, de modo algum, contar com sua permanência e garantia sob a pressão das circunstâncias. E ainda que se acrescente aí a virtude cristã do amor, *caritas*, ausente em Aristóteles e em todos os antigos, o quadro tampouco mudaria. Como poderia a bondade infatigável de *um* homem e a maldade incorrigível e profundamente enraizada de outro, o caráter

---

70. "Não está em nosso arbítrio sermos virtuosos ou viciosos". Trata-se de uma passagem da obra também conhecida como *Magna Moralia* (1187a7), tradicionalmente atribuída a Aristóteles. Alguns estudos do séc. XX, contudo, acreditam que possa se tratar de uma obra de discípulos. (N.T.)

71. "Pois cada um de nós parece em alguma medida possuir seus traços de caráter a partir da natureza, pois nos é próprio desde o nascimento sermos justos, moderados, valentes e outras coisas mais." *Ética a Nicômaco*, 1144b4. (N.T.)

72. "Das Virtudes e Vícios". Trata-se de outra obra tradicionalmente atribuída a Aristóteles cuja autoria é atualmente contestada. (N.T.)

dos Antoninos, de Adriano, de Tito, por um lado, e o de Calígula, Nero e Domiciano, por outro, lhes terem sobrevindo de fora, serem obra de circunstâncias contingentes ou de mero conhecimento e instrução! Afinal, foi precisamente Nero quem teve Sêneca como educador. – Antes, é no caráter inato, nesse verdadeiro núcleo de todo o homem que se encontra o germe de todas as suas virtudes e vícios. Essa convicção natural do homem ingênuo também guiou a mão de Veleio Patérculo, quando ele (II, 35, 2) escreveu o seguinte a respeito de Catão: [73] *Homo virtuti consimillimus, et per omnia genio diis, quam hominibus propior: qui nunquam recte fecit, ut facere videretur, sed quia* aliter facere non poterat.[74]

Por outro lado, sob suposição da liberdade da vontade, pura e simplesmente não se pode ver de onde é que afinal virtude e vício devem surgir, ou como, sob circunstâncias e ocasiões de todo idênticas, dois homens educados da mesma forma ajam de modos totalmente distintos e até mesmo opostos. A diferença fundamental, real e original dos caracteres é incompatível com a suposição de uma tal liberdade da vontade, que consiste em ações opostas deverem ser igualmente possíveis a cada homem em todas as situações. Pois, nesse caso, seu caráter tem de ser desde o início uma *tabula rasa*, como o intelecto o é, segundo Locke, e não pode ter nenhuma inclinação inata para um lado ou para o outro; porque isso já suprimiria o perfeito equilíbrio pensado no *liberum arbitrium indifferentiae*. Assim, na suposição em questão, o fundamento para a diferença observada nas maneiras de agir de diferentes homens não pode residir no que há de *subjetivo*; mas menos ainda no que há de *objetivo*: pois então seriam os objetos que determinariam a ação, e a requerida liberdade estaria perdida de uma vez por todas. Na melhor das hipóteses, a única saída restante seria localizar no meio do caminho entre sujeito e objeto a origem dessa grande e real diferença de modos de agir, a saber, fazê-la surgir das diferentes maneiras pelas quais o objetivo seria apreendido pelo subjetivo, isto é, em como ele seria *reconhecido* por diferentes homens. Mas então tudo seria reduzido ao *conhecimento* certo ou errado

---

73. "Homem irmanado com a virtude e, em tudo, mais próximo dos deuses do que dos homens: nunca agiu corretamente para que assim fosse visto, mas sim *porque não podia fazer de outro modo.*" (N.T.)

74. Essa passagem tem se tornado uma peça regular no paiol dos deterministas, uma honra com que o bom e velho historiador, há 1800 anos, certamente não se teria permitido sonhar. Primeiro, Hobbes a louvou, depois Priestley. Então Schelling a reproduziu em seu tratado sobre a liberdade, p. 478, numa tradução algo falsificada e afim a seus propósitos; motivo pelo qual ele não cita Veleio Patérculo pelo nome, mas, esperta e refinadamente, diz apenas "um antigo". Finalmente, eu também não quis deixar de trazê-la, pois realmente tem a ver com a questão.

das circunstâncias em jogo, reconfigurando a diferença moral de modos de agir numa mera distinção na retidão do julgamento e transformando a moral em lógica. Caso agora os partidários da liberdade da vontade enfim tentassem se salvar desse ingrato dilema dizendo que, embora não haja distinção inata de caráter, uma distinção do mesmo tipo surgiria de circunstâncias externas, impressões, experiências, exemplo, ensino etc.; e se um caráter surgisse dessa maneira, então a distinção das ações se explicariam posteriormente por ele: a isso respondemos, em primeiro lugar, que nesse caso o caráter chegaria muito tarde (quando, na verdade, ele já pode ser de fato reconhecido em crianças) e a maioria dos homens morreria antes que tivessem chegado a obter um caráter; em segundo lugar, que todas aquelas circunstâncias externas, cuja obra deveria ser o caráter, residem bem fora de nosso poder e seriam produzidas assim ou de outro modo pelo acaso (ou, caso se prefira, pela Providência): portanto, se delas surgisse o caráter e, por sua vez, desse surgisse a diversidade das ações, então toda a responsabilidade moral pelas ações desapareceria completamente, pois ela no fim seria evidentemente obra do acaso ou da Providência. Assim, sob o pressuposto da liberdade da vontade, vemos a origem da diversidade dos modos de agir, e também da virtude ou do vício, juntamente à responsabilidade, pairando sem qualquer ponto de apoio e nenhures encontrando um lugarzinho para se enraizar. Disso resulta que aquela suposição, por mais que à primeira vista apraza ao entendimento inculto, no fundo se encontra tão contrária às nossas convicções morais quanto, como já se mostrou suficientemente, à regra fundamental mais alta de nosso entendimento.

A necessidade com que atuam os motivos, como mostrei em detalhes anteriormente, bem como todas as causas em geral, não é desprovida de pressuposições. Agora conhecemos seu pressuposto, o fundamento e solo sobre o qual ela se assenta: é o *caráter individual* inato. Tal como todo efeito na natureza inanimada é um produto necessário de dois fatores, a saber, da *força natural* universal que aqui se exterioriza e da *causa* singular que aqui provoca essa exteriorização, assim também cada ato de um homem é o produto necessário de seu *caráter* e do *motivo* que surge. Estando ambos dados, o ato se segue infalivelmente. Para que um outro sucedesse, teria de ser posto quer um outro motivo, quer um outro caráter. Inclusive poderíamos predizer com segurança cada ato, e até mesmo calculá-lo, se, por um lado, o caráter não fosse tão dificilmente perscrutável e, por outro, o motivo também não se ocultasse tão frequentemente e não estivesse sujeito à atuação contrária de outros motivos que residem apenas na esfera mental do homem, inacessíveis aos demais. Os fins em geral a que o homem invariavelmente anseia já estão, em essência, determinados por seu caráter inato: os meios de que ele lança mão são em parte determinados pelas circunstâncias externas, em parte pela compreensão que ele tem delas, cuja correção, por sua vez, depende de seu entendimento e de sua formação. Seus atos singulares e todo o papel que ele tem de desempenhar no mundo sucedem, então, como resultado final disso tudo. – Pode-se encontrar o resultado dessa doutrina do caráter individual aqui apresentada enunciado numa das mais belas estrofes de Goethe, de modo tão correto quanto poeticamente apreendido:

> Como no dia em que vieste à luz,
> o Sol se ergueu para a saudação dos planetas,
> logo vingaste mais e mais
> segundo a lei conforme a qual surgiste.
> Tens de ser assim, não podes escapar de ti,
> sibilas e profetas já o diziam;
> e não há tempo ou poder que destrua
> uma forma cunhada que se desenvolve vivendo.[75]

Portanto, aquele pressuposto sobre o qual repousa a necessidade dos efeitos de todas as causas é a essência interior de cada coisa, seja ela meramente uma força natural universal que nela se exterioriza, seja força vital, seja vontade: na ocasião de causas efetivas, todo e qualquer ser, da espécie que for, sempre reagirá de acordo com sua própria natureza. Esta lei, à qual estão sujeitas todas as coisas do mundo, sem exceção, os escolásticos a expressavam na fórmula *operari sequitur esse*.[76] Assim, o químico testa os corpos com reagentes, e um homem testa o outro com as provas a que o submete. Em todos os casos, as causas externas provocarão, necessariamente, o que se encontra dentro do ser: pois ele não pode reagir senão de acordo com o que é.

---

75. Trata-se da primeira das cinco oitavas que compõem o ciclo *Urworte. Orphisch* ("Palavras primordiais. Órficas"), escrito por Goethe em 1817 e publicado em 1820 nos cadernos *Zur Morphologie* ("Sobre a morfologia"). A tradução orientou-se por um sentido mais literal, abrindo mão das rimas e da rigorosa métrica do original, que diz: *"Wie an dem Tag, der dich der Welt verliehen,/ die Sonne stand zum Gruße der Planeten,/ bist alsobald und fort und fort gediehen,/ nach dem Gesetz, wonach du angetreten./ So mußt du seyn, dir kannst du nicht entfliehen,/ so sagten schon Sibyllen, so Propheten;/ und keine Zeit und keine Macht zerstückelt/ geprägte Form, die lebend sich entwickelt."*. (N.T.)

76. "O operar se segue ao ser." (N.T.)

Há de se lembrar aqui que cada *existentia* pressupõe uma *essentia*: isto é, todo ente tem de ser *algo*, possuir uma essência determinada. Ele não pode *existir* [*daseyn*] e ao mesmo tempo não ser *nada*, como o *ens metaphysicum*, ou seja, uma coisa que é e apenas é, sem quaisquer determinações e propriedades, e consequentemente sem o decidido modo de atuação que delas flui: mas assim como uma *essentia* sem *existentia* não fornece nenhuma realidade (o que Kant elucidou através do conhecido exemplo dos cem táleres)[77], tampouco pode fornecê-lo uma *existentia* sem *essentia*. Pois todo ente tem de possuir uma natureza que lhe seja própria e essencial, em virtude da qual ele é o que é, que sempre o afirma, cujas exteriorizações são produzidas pelas causas de modo necessário; enquanto, por outro lado, essa mesma natureza não é de forma alguma nem a obra daquelas causas, nem algo modificável por elas. Mas tudo isso vale tanto para o homem e sua vontade quanto para todos os demais seres na natureza. Também ele tem, além de uma *existentia*, uma *essentia*, isto é, propriedades essenciais fundamentais, as quais justamente perfazem o seu caráter e carecem de uma ocasião externa para emergir. Portanto, esperar que um homem, na mesma ocasião, vá agir ora assim, ora de um modo completamente diferente, seria como se alguém esperasse que a mesma árvore que nesse verão deu cerejas, no próximo desse peras. Se bem observada, a liberdade da vontade significa uma *existentia* sem *essentia*; o que quer dizer que alguma coisa é e ao mesmo tempo *não é nada*, o que por sua vez quer dizer que ela *não é*; logo, uma contradição.

É de se atribuir à compreensão desse ponto e da validade da lei da causalidade, *a priori* certa e, portanto, sem exceção, o fato de todos os pensadores realmente profundos de todos os tempos, por distintas que fossem suas demais posições, recusarem o *liberum arbitrium* e concordarem em afirmar a necessidade das volições quando da ocorrência dos motivos. E, justamente porque a incalculável grande maioria da multidão, incapaz de pensar e entregue à aparência e ao preconceito, sempre recusou obstinadamente essa verdade, eles até mesmo alçaram-na ao píncaro para a afirmarem em suas mais resolutas e petulantes expressões. A mais conhecida delas é a do asno de Buridan, que em vão é procurado há cerca de cem anos nos escritos de Buridan ainda existentes. Eu mesmo possuo uma edição de seus *Sophismata*, aparentemente impressa no século XV, sem lugar nem ano de edição, nem paginação, na qual muitas vezes procurei em vão, ainda que em quase todas as páginas apareçam asnos como exemplo. Bayle, cujo artigo *Buridan*[78] é a base de tudo o que

---

77. Cf. *Crítica da Razão Pura*, A599 / B627. (N.T.)

78. Referência ao verbete "Buridan" do *Dictionnaire historique et critique* de Pierre Bayle, de 1697. (N.T.)

se escreveu desde então sobre o tema, diz que se sabe apenas de *um* sofisma de Buridan; o que está bem errado, pois tenho todo um volume *in-quarto* de sofismas seus. Ademais, já que tratou o tema tão detidamente, Bayle também deveria ter sabido o que, contudo, não parece ter sido notado desde então: que aquele exemplo, que, de certa forma, tornou-se símbolo ou paradigma da grande verdade que aqui defendi, é muito mais antigo que Buridan. Ele se encontra em Dante, que possuía todo o saber de seu tempo, viveu antes de Buridan e não fala de asnos, mas sim de homens, com as seguintes palavras que abrem o quarto livro do *Paraíso*:[79]

Intra duo cibi, distanti e moventi
d'un modo, prima si morría di fame,
che liber' uomo l'un recasse a' denti.[80]

Na verdade, o exemplo já se encontra em Aristóteles, *De Coelo*, II, 13, com estas palavras: καὶ ὁ λόγος τοῦ πεινῶντος καὶ διψῶντος σφόδρα μὲν, ὁμοίως δὲ, καὶ τῶν ἐδωδίμων καὶ ποτῶν ἴσον ἀπέχοντος, καὶ γὰρ τοῦτον ἠρεμεῖν ἀναγκαῖον [*kaì ho lógos toû peinôntos kaì dipsôntos sphódra mèn, homoíos dè, kaì tôn edodimôn kaì potôn íson apékhontos, kaì gàr toûton eremeîn anankaîon*] (*item ea, quae de sitiente vehementer esurienteque dicuntur, cum aeque ab his, quae eduntur atque bibuntur, distat: quiescat enim necesse est*).[81] Buridan, que chegara ao exemplo por via dessa fonte, trocou o homem por um asno apenas porque é costume desse pobre escolástico tomar como exemplo Sócrates, Platão ou um *asinus*.

A questão da liberdade da vontade é realmente uma pedra de toque, pela qual podemos distinguir os espíritos de pensamento profundo daqueles que são superficiais, ou o marco a partir do qual ambos se separam, aqueles todos afirmando a necessária sucessão da ação diante de um caráter e um motivo dados, e estes, ao contrário, filiando-se à liberdade da vontade junto com a grande turba. Ademais, há ainda uma classe intermediária daqueles que, sentindo-se embaraçados, bordejam para lá e para cá, deslocam o próprio alvo e o dos outros, refugiam-se atrás de palavras e frases, ou viram e reviram a questão por tanto tempo até que não se saiba mais do que se trata. Foi o que fez Leibniz, que era

---

79. "Entre dois alimentos, igualmente distantes e apetitosos, o homem livre morreria de fome antes de levar um deles aos dentes." (N.T.)

80. *Inter duos cibos aeque remotos unoque modo motos constitutus, homo prius fame periret, quam ut, absoluta libertate usus, unum eorum dentibus admoveret.*

81. "É como o exemplo do homem que está com uma grande fome e uma grande sede, igualmente intensas, encontrando-se identicamente afastado da comida e da bebida: ele necessariamente se quedará imóvel." (*Do Céu*, II, 13, 295b32.) (N.T.)

muito mais matemático e polímata do que filósofo.[82] Mas, para levar esses embromadores ao ponto, é preciso questioná-los da seguinte maneira e não se desviar dela:

1) Para um dado homem, sob dadas circunstâncias, são possíveis duas ações ou apenas *uma*? – Resposta de todos os pensadores profundos: apenas uma.

2) Dado homem – e considerando, por um lado, que seu caráter está inalteravelmente fixado e, por outro, que as circunstâncias, cujos efeitos ele tinha de experimentar, foram, até no que há de mais ínfimo, completa e necessariamente determinadas por causas externas que sempre ocorrem com rigorosa necessidade numa cadeia que, constituída de elos igualmente necessários, remonta ao infinito –, poderia o curso de vida desse homem, no que quer que fosse, ainda que no mínimo detalhe, num processo qualquer, numa cena, resultar em algo diferente daquilo que resultou? – A resposta correta e consequente é: não!

A consequência de ambas proposições é: *tudo o que acontece, do que há de maior ao que há de menor, acontece necessariamente. Quidquid fit necessario fit.*[83]

Quem se assusta com essas proposições tem ainda de aprender algumas coisas e desaprender outras: mas, depois disso, reconhecerá que elas são a mais fecunda fonte de consolo e tranquilidade. – Nossos atos não são de modo algum um primeiro começo, por isso neles nada realmente novo vem à existência: mas, *através do que fazemos, meramente descobrimos o que somos.*

Na convicção da rigorosa necessidade de tudo o que acontece, a qual, se não for claramente conhecida, é ao menos sentida, repousa também a visão tão firme que os antigos tinham do *fatum*, do εἱμαρμένη [*heimarméne*],[84] bem como o fatalismo dos maometanos, e até a onipresente e inextirpável crença nos *omina*,[85] porque mesmo o menor dos acasos ocorre necessariamente, e todos os acontecimentos estão cadenciados, por assim dizer, para que tudo ressoe em tudo. Finalmente, isso se liga até mesmo ao fato de que aquele que, sem a menor das intenções, mutilou ou matou outro homem de modo totalmente acidental há de lamentar esse *piaculum*[86]

---

82. A inconsistência de Leibniz nesse ponto se mostra da maneira mais clara em sua correspondência com Coste, *Opera phil.*, Erdmann (ed.), p. 447; além disso, também na *Teodiceia*, §45-53.

83. "O que quer que aconteça, acontece necessariamente." (N.T.)

84. "Destino". (N.T.)

85. "Presságios". (N.T.)

86. "Pecado". (N.T.)

por toda a sua vida com um sentimento que parece aparentado à culpa e, como *persona piacularis* (homem desafortunado), será visto pelos outros com um tipo peculiar de descrédito. E talvez nem mesmo sobre doutrina cristã da eleição da Graça [*Gnadenwahl*] tenha deixado de haver certa influência desse sentimento de convicção da inalterabilidade do caráter e da necessidade de suas exteriorizações. – Por fim, não quero me furtar aqui à seguinte observação, totalmente casual, que cada um pode pegar ou deixar de lado, como preferir, dependendo do que pensa sobre certas coisas. Se não aceitarmos a rigorosa necessidade de tudo o que acontece, a qual se dá em virtude de uma cadeia causal que conecta sem distinção todos os processos, deixando, em vez disso, que essa seja interrompida em inúmeros pontos por uma liberdade absoluta, então toda *previsão do futuro*, no sonho, no sonambulismo clarividente e na segunda visão (*second sight*), se torna *objetiva* e absolutamente *impossível*, e por isso impensável; porque então simplesmente não haveria qualquer futuro objetivamente real que pudesse ser previsto; em vez de agora duvidarmos tão somente de suas condições *subjetivas*, de sua possibilidade *subjetiva*. E, hoje em dia, mesmo essa dúvida não pode mais encontrar espaço entre os bem instruídos, depois que tais antecipações do futuro foram estabelecidas por inúmeros testemunhos das fontes mais dignas de crédito.

Acrescento ainda algumas observações como corolários da doutrina aqui estabelecida acerca da necessidade de tudo o que acontece.

Que seria desse mundo se a necessidade não transpassasse e mantivesse unidas todas as coisas e, em particular, não presidisse a geração dos indivíduos? Uma monstruosidade, uma pilha de escombros, um esgar sem sentido e significado – ou por outra, a obra do próprio e verdadeiro acaso.

Desejar que um evento qualquer não tivesse acontecido é um insensato suplício autoinfligido: pois significa desejar algo absolutamente impossível, e é tão irracional como o desejo de que o Sol se levantasse a Oeste. Justamente porque tudo o que acontece, de grande como de pequeno, ocorre de modo *rigorosamente* necessário, é completamente vão refletir sobre o quão insignificantes e contingentes foram as causas que produziram aquele evento e quão facilmente elas poderiam ter sido diferentes: pois, uma vez que todas elas ocorreram com necessidade tão igualmente rigorosa e atuaram com poder tão igualmente perfeito quanto aquelas em consequência das quais o Sol se levanta no Leste, isso é ilusório. Antes, devemos considerar os acontecimentos, tal e como ocorrem, com os mesmos olhos com que lemos algo impresso, sabendo muito bem que já estava lá antes que o lêssemos.

IV

Precursores

A fim de documentar a afirmação feita anteriormente sobre o juízo de todos os pensadores profundos acerca de nosso problema, quero recordar alguns dos grandes homens que se pronunciaram nesse sentido. Em primeiro lugar, e para tranquilizar aqueles que acaso tenham acreditado que à verdade que defendo se oporiam razões religiosas, recordo que Jeremias (10,23) já disse: "O fazer do homem não está em seu poder, e não está em poder de ninguém como ele anda ou dirige seu passo".[87] Mas recorro especialmente a Lutero, que, num livro escrito particularmente com esse fim, *De servo arbitrio*, contesta com veemência a liberdade da vontade. Algumas passagens bastarão para caracterizar sua opinião, que ele naturalmente sustenta não com razões filosóficas, mas sim teológicas. Cito-as segundo a edição de Seb. Schmidt, Estrasburgo, 1707, em cuja página 145 lê-se: "*Quare simul in omnium cordibus scriptum invenitur liberum arbitrium nihil esse; licet obscuretur tot disputationibus contrariis et tanta tot virorum auctoritate.*". – Página 214: "*Hoc loco admonitos velim liberi arbitrii tutores, ut sciant, sese esse abnegatores Chrisiti, dum asserunt liberum arbitrium.*". – Página 220: "*Contra liberum arbitrium pugnabunt Scripturae testimonia, quotquot de Christo loquuntur. At ea sunt innumerabilia, imo tota Scriptura. Ideo, si Scriptura judice causam agimus, omnibus modis vicero, ut ne jota unum aut apex sit reliquus, qui non damnet dogma liberi arbitrii.*".[88]

Agora, aos filósofos. Os antigos não hão de ser levados seriamente em consideração aqui, pois sua filosofia, encontrando-se ainda no estágio

---

87. Schopenhauer cita a tradução de Lutero, da qual aqui foi feita uma tradução o mais literal possível. Na edição da *Bíblia de Jerusalém*, lê-se na mesma passagem (Jr 23,10): "[Eu sei, Iaweh, que] não pertence ao homem o seu caminho, que não é dado ao homem que caminha dirigir os seus passos.". (N.T.)

88. Página 145: "Assim, está inscrito em todos os corações que o livre-arbítrio não é nada; por mais que essa convicção esteja obscurecida por tantas asserções contrárias e pela autoridade de tantos homens.". Página 214: "Quero aqui advertir aos defensores do livre-arbítrio que saibam que, ao afirmar o livre-arbítrio, renegam a Cristo.". Página 220: "Em contradição com o livre-arbítrio estarão tantos testemunhos das Escrituras quantos falem de Cristo. E estes são inumeráveis, antes, são as Escrituras inteiras. Por isso, se tratarmos o tema segundo o juízo das Escrituras, demonstrarei de todos os modos que não resta uma letra ou vírgula que não condene a crença no livre-arbítrio.". (N.T.)

da inocência, por assim dizer, ainda não trouxera claramente à consciência os dois mais profundos e delicados problemas da filosofia moderna, a saber: a questão da liberdade da vontade e a da realidade do mundo externo, ou a relação do ideal com o real. Ainda assim, até que ponto o problema da liberdade da vontade havia se clareado para eles pode ser visto em uma passagem da *Ética a Nicômaco* (III, c. 1-8) de Aristóteles, onde se verá que seu pensamento sobre isso, em essência, diz respeito meramente à liberdade física e à intelectual, de modo que ele sempre fala apenas de ἑκούσιον καὶ ἀκούσιον [*hekoúsion kaì akoúsion*],[89] tomando voluntário e livre como sendo uma coisa só. O problema muito mais difícil da *liberdade moral* ainda não se lhe havia apresentado, embora por vezes, de fato, seus pensamentos cheguem até aí, particularmente na *Ética a Nicômaco*, II, 2, e III, 7, onde ele, no entanto, cai no erro de derivar o caráter a partir dos atos, em vez de o contrário. Igualmente, ele critica de modo errôneo a convicção de Sócrates anteriormente citada por mim: mas em outras passagens ele se apropria dela novamente, como na *Ética a Nicômaco* X, 10: "τὸ μὲν οὖν τῆς φύσεως δῆλον ὡς οὐκ ἐφ᾽ ἡμῖν ὑπάρχει, ἀλλὰ διά τινας θείας αἰτίας τοῖς ὡς ἀληθῶς εὐτυχέσιν ὑπάρχει [*tò mèn oûn tês phýseos dêlon hos ouk eph'hemîn hypárkhei, allà diá tinas theías aitías toîs alethôs eutykhésin hypárkhei*] (*quod igitur a natura tribuitur, id in nostra potestate non esse, sed, ad aliqua divina causa profectum, inesse in iis, qui revera sunt fortunati, perspicuum est)*". E, logo adiante: "Δεῖ δὴ τὸ ἦθος προϋπάρχειν πως οἰκεῖον τῆς ἀρετῆς, ὀτέργον τὸ καλὸν καὶ δυσχεραῖνον τὸ αἰσχρόν [*Deî dè tò êthos proupárkhein pos oikeîon tês aretês, otérgon tò kalòn kaì dyskhraînon tò aiskhrón*] (*Mores igitur ante quodammodo insint oportet, ad virtutem accommodati, qui honestum amplectantur, turpitudineque offendantur)*"; o que concorda com a passagem que citei anteriormente, bem como com a *Eth. magna, I, 11*: "Οὐκ ἔσται ὁ προαιρούμενος εἶναι σπουδαιότατος, ἂν μὴ καὶ ἡ φύσις ὑπάρξῃ βελτίων μέντοι ἔσται [*Ouk éotai ho proairoúmenos eînai spoudaiótatos, àn mè kaì he physis hypárxei beltíon méntoi éstai*] (*non enim ut quisque, voluerlit, erit omnium optimus, nisi etiam natura exstiterit: melior quidem recte erit)*."[90] No mesmo sentido, Aristóteles trata a questão da liberdade da

---

89. "Voluntário e involuntário". (N.T.)

90. "Mas quanto à constituição da natureza, é claro que ela não está em nosso poder, mas resulta de alguma causa divina naqueles que a têm, que são os verdadeiramente afortunados." – "Assim, já temos que ter em certa medida um caráter adequado à virtude, afim ao que é bom e adverso ao que é mau." (*Ética a Nicômaco*, X, 10, 1179b21--1179b29) – "Pois aquele que escolhe ser o melhor de todos não o será, a menos que já haja uma disposição natural para tal: algo melhor, contudo, ele será." (*Magna Moralia*, I, 11, 1187b28). (N.T.)

vontade na *Ethica magna*, I, 9-18, e na *Ethica Eudemia*, II, 6-10, onde ele se aproxima um pouco mais do verdadeiro problema: mas tudo de modo muito claudicante e superficial. Seu método nunca adentra diretamente a questão, procedendo analiticamente; mas sim, de modo sintético, fazendo inferências a partir de signos externos: em vez de penetrar para chegar ao cerne das coisas, ele se atém a características externas ou até mesmo a palavras. Esse método conduz facilmente ao erro e, em problemas mais profundos, nunca leva ao objetivo. Nesse caso, ele se queda diante da suposta contraposição entre o necessário e o voluntário, ἀναγκαῖον καὶ ἑκούσιον [*anankaîon kaì hekoúsion*], como que diante de uma muralha: mas para além dela há o discernimento de que o voluntário é, *precisamente enquanto tal, necessário* em virtude do motivo, sem o qual uma volição é tão impossível quanto sem um sujeito querente, e que é uma causa tanto quanto a causa mecânica, da qual se distingue apenas no que há de inessencial; ele próprio diz (*Ética a Eudemo*, II, 10): "ἡ γὰρ οὗ ἕνεκα μία τῶν αἰτίων ἐστίν [*he gàr hoû héneka mía tôn aition estín*] (*nam id, cujus gratia, una e causarum numero est*)".[91] Precisamente por isso, aquela contraposição entre o voluntário e o necessário é fundamentalmente falsa, ainda que muitos filósofos ainda hoje sigam exatamente como Aristóteles.

Cícero já apresenta o problema da liberdade da vontade de modo razoavelmente claro em seu livro *De Fato*, cap. 10 e 17.[92] O objeto de seu tratado leva muito fácil e naturalmente a essa questão. Ele próprio é partidário da liberdade da vontade: mas vemos que já Crisipo e Diodoro tiveram de ser levados de modo mais ou menos claro à consciência do problema. – Notável é também o trigésimo *Diálogo dos Mortos*, de Luciano, entre Minos e Sostratos, o qual nega a liberdade da vontade e a responsabilidade a ela ligada.

Mas, de certa forma, o quarto livro dos Macabeus, na *Septuaginta* (não se encontra na versão de Lutero), já é um tratado sobre a liberdade da vontade, na medida em que se propõe a provar que a razão (λογισμός [*logismós*])[93] possui a força para superar todas as paixões e os afetos, provando-o através dos mártires judeus do segundo livro.

Até onde sei, o reconhecimento mais antigo e claro de nosso problema se mostra em Clemente de Alexandria, quando ele diz que: "οὔτε

---

91. "Pois a finalidade é, por isso, uma das [quatro] causas." (*Ética a Eudemo*, II, 10, 1226b26). (N.T.)

92. *De Fato*, "Sobre o Destino", é um tratado filosófico de Cícero, de 44 a.C., parcialmente perdido. (N.T.)

93. "Raciocínios". (N.T.)

109

δὲ οἱ ἔπαινοι, οὔτε οἱ ψόγοι, οὔθ᾽ αἱ τιμαί, οὔθ᾽ αἱ κολάζειν, δικαῖαι, μὴ τῆς ψυχῆς ἐχούσης τὴν ἐξούσιαν τῆς ὁρμῆς καὶ ἀφορμῆς, ἀλλ᾽ ἀκουσίου τῆς κακίας οὔσης [*oute dè hoi épainoi, oute hoi psógoi, outh'hai timaí, outh'hai kolázein, dikaîai, mè tês psykhês ekhoûses tèn exoûsian tês hormês kaì ephormês, all'akousíou tês kakías oûses*] *(nec laudes, nec vituperationes, nec honores, nec suppliciat justa sunt, si anima non habeat liberam potestatem et appetendi et abstinendi, sed sit vitium involuntarium)*": e então, depois de um trecho referindo-se a algo dito anteriormente: "ἵν᾽ ὅτι μάλιστα ὁ θεὸς μὲν ἡμῖν κακίας ἀναίτιος [*hin'hoti málista ho theòs mèn hemîn kakías anaitíos*] *(ut vel maxime quidem Deus nobis non sit causa vitii)*".[94] Esse acréscimo notabilíssimo mostra em que sentido a igreja apreendeu o problema e qual decisão ela imediatamente antecipou de acordo com seus interesses. – Quase 200 anos depois, encontramos a doutrina da vontade livre já minuciosamente tratada por Nemésio de Emesa, em sua obra *De natura hominis*, no fim do capítulo 35 e nos capítulos 39-41. A liberdade da vontade é identificada aqui, sem mais nem menos, com o arbítrio [*Willkühr*] ou capacidade de eleição [*Wahlentscheidung*] e, por conseguinte, zelosamente afirmada e apresentada. Contudo, já é uma ventilação da questão.

Mas a consciência plenamente desenvolvida de nosso problema, com tudo que ele envolve, encontramo-la primeiramente em Agostinho, o Pai da Igreja, que por isso deve ser considerado aqui, ainda que bem mais como teólogo do que como filósofo. Vemo-lo logo num notável embaraço e incerta vacilação às voltas com o problema nos seus três livros do *De libero arbitrio*,[95] o que o leva a incoerências e contradições. Por um lado, ele não quer, como Pelágio,[96] anuir à liberdade da vontade a ponto de suprimir o pecado original, a necessidade da redenção e a livre eleição da Graça, com o que o homem poderia se fazer justo e digno da bem-aventurança por suas próprias forças. No *Argumento in libros de lib. arb.*

---

94. "Nem o louvor, nem a censura, nem honrarias, nem castigos são justos, se a alma não possui a capacidade de almejar e recusar e o vício é involuntário." E "de modo que Deus não é a causa dos nossos vícios." (Clemente de Alexandria, *Stromata*, I, cap. 17, §83 e 84). (N.T.)

95. "Do Livre-Arbítrio". Agostinho de Hipona (354-430) escreveu o primeiro livro em Roma, entre os anos 387 e 389. Os outros dois volumes, escritos na África, datam do período 391 a 395. O primeiro volume se dedica à questão do determinismo, ao passo que os outros dois investigam e fundamentam a existência de Deus. (N.T.)

96. Pelágio da Bretanha (350-423), contemporâneo de Agostinho, foi um intransigente defensor do livre-arbítrio humano. Sua posição, conhecida como *pelagianismo*, afirmava que o homem poderia, por sua própria natureza, abster-se do pecado. Foi intensamente combatido por Agostinho, que afirmava a insuficiência da natureza humana e a necessidade da intervenção da graça divina para a salvação. (N.T.)

ex Lib I, c. 9, Retractationum desunto, dá inclusive a entender que teria dito ainda mais sobre esse aspecto da controvérsia (que mais tarde Lutero defendeu tão ardentemente) se aqueles livros não tivessem sido escritos antes do surgimento de Pelágio, contra cuja opinião compôs então o livro *De natura et gratia*.[97] Contudo, já em *De libero arbitrio*, III, 18, ele diz que: "*Nunc autem homo non est bonus, nec habet in potestate, ut bonus sit, sive non videndo qualis esse debeat, sive videndo et non volendo esse, qualem debere esse se videt.*". – E, logo em seguida: "*vel ignorando non habet liberum arbitrium voluntatis ad eligendum quid recte faciat; vel resistente carnali consuetudine, quae violentia mortalis successionis quodammodo naturaliter inolevit, videat quid recte faciendum sit et velit, nec possit implere*". E, no mencionado *Argumento*: "*Voluntas ergo ipsa, nisi gratia Dei liberatur a servitute, qua facta est serva peccati, et, ut vitia superet, adjuvetur, recte, pieque vivi non potest a mortalibus.*".[98]

Contudo, por outro lado, três razões levam-no a defender a liberdade da vontade:

1) Sua oposição aos maniqueus, contra os quais são expressamente dirigidos os livros do *De libero arbitrio*, porque eles negam a vontade livre e admitem uma outra fonte primordial da maldade [*Böse*] e do mal [*Übel*]. A eles, já aludia no último capítulo do livro *De animae quantitate*: "*datum est animae liberum arbitrium, quod qui nugatoriis ratiocinationibus labefactare conantur, usque adeo coeci sunt, ut caet.*".[99]

2) A ilusão natural, por mim descoberta, em virtude da qual o "posso fazer o que eu quiser" é visto como sendo a liberdade da vontade e "*voluntário*" imediatamente tomado como idêntico a "*livre*": *De libero arbitrio*, I, 12: "*Quid enim tam in voluntate, quam ipsa voluntas, situm est?*".[100]

3) A necessidade de harmonizar a responsabilidade moral do homem com a justiça de Deus. É que à perspicácia de Agostinho não escapou uma dificuldade seríssima, cuja eliminação é tão difícil que, tanto

---

97. "Da Natureza e da Graça". Escrito em 415, o livro é uma resposta ao livro "Sobre a Natureza", de Pelágio, publicado no ano anterior. (N.T.)

98. "Mas o homem não é bom e ser bom não está em seu poder, quer ele não veja como ele deve ser, quer veja e não queira ser como vê que deveria ser." – "Ou bem, pela ignorância, ele não terá a vontade livre para escolher o que ele corretamente deveria fazer; ou, pelo hábito da carne, que naturalmente cresceu pela força do pecado original, verá o que deveria fazer e quererá fazê-lo, mas não será capaz". – "Portanto, a menos que pela Graça de Deus a própria vontade seja libertada da servidão, pela qual é feita serva do pecado, e assistida na superação do vício, não é possível para os mortais viver correta e piedosamente." (N.T.)

99. "O livre-arbítrio é dado à alma e aqueles que tentam abalá-lo com raciocínios embusteiros estão tão cegos que...", da obra "Sobre a potencialidade da alma". (N.T.)

100. "Pois o que está tão em poder da vontade quanto a própria vontade?" [§26]. (N.T.)

quanto sei, com exceção de três filósofos que por isso mesmo consideraremos agora, todos os posteriores preferiram contorná-la como se ela não estivesse lá. Agostinho, por outro lado, já nas palavras iniciais do *De libero arbitrio*, enuncia-a com nobre franqueza, de modo bem descomplicado: "*Dic mihi, quaeso, utrum Deus non sit auctor mali?*"[101] – E então, de modo mais detalhado no segundo capítulo: "*Movet autem animum, si peccata ex his animabus sunt, quas Deus creavit, illae autem animae ex Deo; quomodo non, parvo intervallo, peccata referantur in Deum.*"[102] Ao que o interlocutor replica: "*Id nunc plane abs te dictum est, quod me cogitantem satis excruciat.*"[103] – Lutero, em seu *De servo arbitrio*, p. 144, retomou essa consideração delicadíssima e a ressaltou com toda sua eloquência: "*At talem oportere esse Deum, qui libertate sua necessitatem imponat nobis, ipsa ratio naturalis cogitur confiteri. – Concessa praescientia et omnipotentia, sequitur naturaliter, irrefragabili consequentia, nos per nos ipsos non esse factos, nec vivere, nec agere quidquam, sed per illius omnipotentiam. – Pugnat ex diametro praescientia et omnipotentia Dei cum nostro libero arbitrio. – Omnes homines coguntur inevitabili consequentia admittere, nos non fieri nostra voluntate, sed necessitate; ita nos non facere quod libet, pro jure liberi arbitrii, sed prout Deus praescivit et agit consilio et virtuti infallibili et immutabili.*"[104] E assim por diante.

No começo do século XVII, encontramos Vanini[105] já totalmente em posse desse conhecimento. Ele é o núcleo e a alma de sua persistente rebelião contra o teísmo, ainda que, sob a pressão da época, ela seja astu-

---

101. "Dizei-me, rogo, se não é Deus o autor do mal?" [I, cap. 1, §1]. (N.T.)

102. "Mas esta questão move meu ânimo: se os pecados vêm das almas que Deus criou, e as almas vêm de Deus, como é que, mediatamente, os pecados não remontam a Deus?" [I, cap. 2, §4]. (N.T.)

103. "Agora disseste exatamente o que deveras me atormenta os pensamentos." [*Ibid.*, §5]. (N.T.)

104. "E a mesma razão natural está obrigada a confessar que tem de ser Deus aquele que, em sua *liberdade*, impõe-nos a *necessidade*." "Admitida a presciência e a onipotência, segue-se naturalmente e como consequência irrebatível, que não somos criados, nem vivemos, nem sequer agimos por nós mesmos, mas sim por Sua onipotência". "A presença e a onipotência de Deus opõem-se diametralmente ao nosso livre-arbítrio." "Todos os homens estão inevitavelmente obrigados a admitir como consequência que não somos o resultado de nossa vontade, mas sim da necessidade; e, assim, não fazemos o que nos apraz em virtude do livre-arbítrio, mas sim de acordo com o que Deus previu e *faz* segundo seu conselho e sua virtude infalível e imutável." (N.T.)

105. Lucilio Vanini (1585-1619), também conhecido como Júlio César Vanini, filósofo italiano, foi um dos primeiros defensores do determinismo nomológico, isto é, da compreensão do universo como uma entidade inteiramente governada por leis naturais, e do evolucionismo biológico. Foi executado em Toulouse por ateísmo e blasfêmia. (N.T.)

112

tamente encoberta na medida do possível. A cada oportunidade ele volta a isso e não se cansa de apresentá-lo desde os mais diversos pontos de vista. Por exemplo, em seu *Amphitheatro aeternae providentiae, exercitatio 16*, ele diz: "*Si Deus vult peccata, igitur facit: scriptum est enim 'omnia quaecunque voluit fecit'. Si non vult, tamen commituntur: erit ergo dicendus improvidus, vel impotens, vel crudelis; cum voti sui compos fieri aut nesciat, aut nequeat, aut negligat.* [...] *Philosophi inquiunt: si nollet Deus pessimas ac nefarias in orbe vigere actiones, procul dubio uno nutu extra mundi limites omnia flagitia exterminaret, profligaretque: quis enim nostrum divinae potest resistere voluntati? Quomodo invito Deo patrantur scelera, si in actu quoque peccandi scelestis vires subministrat? Ad haec, si contra Dei voluntatem homo labitur, Deus erit inferior homine, qui ei adversatur, et praevalet. Hinc deducunt: Deus ita desiderat hunc mundum, qualis est: si meliorem vellet, meliorem haberet*."[106] – E, no *exercitatio 44*, afirma-se: "*Instrumentum movetur prout a suo principali dirigitur: sed nostra voluntas in suis operationibus se habet tanquam instrumentum, Deus vero ut agens principale: ergo si haec male operatur, Deo imputandum est.* [...] *Voluntas nostra non solum quoad motum, sed quoad substantium quoque tota a Deo dependet: quare nihil est, quod eidem imputari vere possit, neque ex parte substantiae, neque operationis, sed totum Deo, qui voluntatem sic formavit, et ita movet.* [...] *Cum essentia et motus voluntatis sit a Deo, adscribi eidem debent vel bonae, vel malae voluntatis operationes, si haec ad illum se habet velut instrumentum*."[107] Mas, no caso de Vanini, é preciso ter em vista que ele constantemente usa o estratagema de pegar sua verdadeira opinião, a

---

106. "Se Deus quer o pecado, Ele o faz: pois está escrito 'fez tudo o que quer'. Se não o quer, e, contudo, eles são cometidos, então temos de declará-Lo como desprovido de previsão, ou como não sendo onipotente, ou como cruel; porque ou não sabe, ou não pode, ou não se preocupa em satisfazer seu desígnio." "Os filósofos dizem: se Deus não quisesse que no mundo crescessem ações vergonhosas e vis, sem dúvida alguma baniria com um gesto todas as ignomínias para fora dos limites do mundo e as aniquilaria. Pois quem de nós pode resistir à vontade divina? Como se cometem os crimes conta a vontade de Deus, se, de fato, Ele confere aos criminosos as forças para pecar? Ademais, se o homem peca contra a vontade divina, Deus é inferior ao homem, que se opõe a Ele e prevalece. Disso se segue que Deus quer este mundo tal qual ele é e que, se o quisesse melhor, tê-lo-ia melhor." (N.T.)

107. "Um instrumento é movido conforme o dispõe aquele que o dirige: mas nossa vontade se comporta em suas operações como um instrumento, e Deus, ao contrário, como aquele que o opera; logo, se esta age mal, Deus é quem carrega a culpa." "Nossa vontade depende totalmente de Deus, não apenas em seu atuar, mas em sua essência. Portanto, não há nada, nem por parte da essência, nem do atuar, que se possa imputar verdadeiramente a ela, mas sim apenas a Deus, que configurou assim a vontade e assim a move." "Posto que a essência e a atividade da vontade procedem de Deus, a Ele se devem atribuir os bons e os maus efeitos da vontade, se ela está para ele como um instrumento." (N.T.)

qual o horroriza e quer refutar, e colocá-la na pessoa de um oponente, que a apresenta de modo convincente e fundamentado; para, em seguida, em sua própria pessoa, opor-se a ela com razões superficiais e argumentos coxos, e, em seguida, *tanquam re bene gesta*,[108] parte triunfante – confiando na malícia de seu leitor. Com esse ardil, iludiu até mesmo a eruditíssima Sorbonne que, tomando tudo como moeda autêntica, candidamente estampou o *imprimatur* em seus escritos ateus. Três anos mais tarde, com uma candura um tanto maior, ela o viu ser queimado vivo depois de lhe ter sido cortada fora sua língua blasfema. É que este é, de fato, o argumento verdadeiramente poderoso dos teólogos e as coisas têm retrocedido muito desde ele lhes foi tirado.

Se não me engano, entre os filósofos em sentido estrito, Hume foi o primeiro a não contornar a grave dificuldade inicialmente levantada por Agostinho e, sem pensar em Agostinho, Lutero, nem muito menos Vanini, a apresentá-la abertamente em seu *Essay on liberty and necessity*,[109] no qual, perto do final, lê-se: "*The ultimate author of all our volitions is the creator of the world, who first bestowed motion on this immense machine, and placed all beings in the particular position, whence every subsequent event, by an inevitable necessity, must result. Human actions therefore either can have not turpitude at all, as proceeding from so good a cause, or, if they have any turpitude, they must involve our creator in the same guilt, while he is acknowledged to be their ultimate cause and author. For as a man, who fired a mine, is answerable for the consequences, whether the train employed be long or short; so wherever a continued chain of necessary causes is fixed, that Being, either finite or infinite, who produces the first, is likewise the author of all the rest*".[110] Ele tenta resolver essa dificuldade, mas ao fim confessa que a considera insolúvel.

---

108. "Como se tivesse se havido bem." (N.T.)

109. O texto a que Schopenhauer se refere como sendo o "Ensaio sobre a Liberdade e a Necessidade" corresponde à seção VIII de "Uma investigação sobre o entendimento humano" ("An enquiry concerning human understanding"). Ao contrário do que acontece quando faz citações em grego, latim ou francês, no caso das citações em inglês Schopenhauer não pressupõe que seu leitor deva ser capaz de lê-las no original, de modo que ele próprio oferece uma tradução alemã em notas de rodapé. (N.T.)

110. A tradução deste e dos demais trechos em inglês há de ser bem-vinda a alguns leitores alemães: "O autor último de todas as nossas volições é o criador do mundo, que primeiramente pôs essa imensa máquina em movimento e colocou todos os seres naquela particular posição a partir da qual todo evento subsequente tem de resultar com inevitável necessidade. Portanto, as ações humanas, sendo procedentes de uma causa tão boa, ou bem não podem ter qualquer maldade, ou, se têm alguma maldade, precisam envolver *nosso criador* na mesma culpa, uma vez que ele é reconhecidamente seu autor e causa última. Pois, como um homem

Independentemente de seus precursores, Kant também cai na pedra de tropeço na *Crítica da Razão Prática*, p. 180 da 4ª edição e p. 232 da edição de Rosenkranz: "Mas parece que, tão logo se admita que Deus, como ser originário universal, é também a *causa da existência da substância*, ter-se-ia também de aceitar que as ações do homem têm sua razão determinante naquilo que está totalmente fora de seu poder, a saber, na causalidade de um Ser Supremo distinto dele, de quem depende absolutamente sua existência e a determinação total de sua causalidade. – O homem seria um autômato de Vaucanson, ao qual o Mestre Supremo de todos os artefatos teria fabricado e dado corda, e a autoconsciência faria dele um autômato pensante no qual, contudo, a consciência de sua espontaneidade, caso se a considere como liberdade, seria uma mera ilusão, pois apenas comparativamente merece ser chamada assim, já que as causas próximas determinantes de seu movimento, assim como uma longa série dessas em ascensão a suas causas determinantes, são efetivamente internas, mas a última e suprema fica relegada a uma mão alheia.". – Então ele tenta remover essa grande dificuldade através da distinção entre coisa em si e fenômeno: mas é tão evidente que com ela a questão não se modifica essencialmente em nada que estou convencido de que ele não a levava a sério. Ele próprio confessa a insuficiência de sua solução na página 184, onde acrescenta: "Mas acaso qualquer outra [solução] que se tenha tentado ou se possa tentar é mais simples e mais apreensível? Antes, dir-se-ia que os professores dogmáticos da metafísica teriam mostrado nisso mais sua *ardileza* que honestidade, ao afastar o máximo possível da vista esse difícil ponto, na esperança de que, se não falassem dele, quiçá tampouco ninguém pensasse nele.".

Depois dessa compilação muito notável de vozes bem heterogêneas que dizem todas o mesmo, volto ao nosso Pai da Igreja. As razões pelas quais ele espera eliminar aquela dificuldade, por ele já sentida em toda sua gravidade, são teológicas e não filosóficas, portanto, não têm validade incondicional. O suporte delas, como foi dito, é o terceiro motivo, acrescentado aos dois anteriores, pelo qual ele procura defender um *liberum arbitrium* concedido por Deus ao homem. Pondo-o entre o Criador e os pecados de sua criatura, tal expediente bastaria para realmente eliminar toda aquela dificuldade; desde que, tão facilmente quanto pode ser dito com palavras e satisfazer a um pensamento que não vai muito além delas, pudesse ao menos permanecer *pensável* diante de uma consideração

---

que incendiou uma mina é responsável por todas as consequências, quer o rastilho empregado seja longo ou curto, onde quer que uma contínua cadeia de causas necessárias se estabeleça, aquele ser, finito ou infinito, que produziu a primeira é igualmente o autor de todo o resto.".

séria e profunda. Mas como se pode imaginar que um ser, cuja *existentia* e *essentia* são totalmente obras de um outro, haveria de se determinar a si mesmo originária e fundamentalmente e ser, portanto, responsável pelo que faz? O princípio *operari sequitur esse*, isto é, de que os efeitos de cada ser se seguem de sua constituição, derruba aquela suposição, mas não pode ser ele mesmo derrubado. Se um homem age mal, disso se segue que ele é mau. Mas àquele princípio se liga seu *corollarium: ergo unde esse, inde operari.*[111] Que se diria de um relojoeiro que se enfurecesse com seu relógio por ele não funcionar direito? Por mais que se queira fazer da vontade uma *tabula rasa*, não se poderá deixar de confessar que quando, por exemplo, do ponto de vista moral, de dois homens, um deles segue um modo de ação totalmente oposto ao do outro, essa diversidade, que afinal tem de vir de algum lugar, tem sua razão ou bem nas circunstâncias externas, com o que então fica claro que a culpa não atinge os homens, ou bem numa original diversidade de sua própria vontade, com o que, então, se toda a sua existência e essência são obras de outro, a culpa e o mérito tampouco os atingem. Depois que os grandes homens citados se esforçaram em vão por encontrar uma saída desse labirinto, confesso docilmente que pensar a responsabilidade moral da vontade humana sem pensar a asseidade[112] da mesma ultrapassa também a minha capacidade de compreensão. Sem dúvida, essa mesma incapacidade foi o que ditou a sétima das oito definições com que Spinoza abre sua Ética: "*ea res libera dicetur, quae ex sola naturae suae necessitate existit, et a se sola ad agendum determinatur; necessaria autem, vel potius coacta, quae ab alio determinatur ad existendum et operandum.*"[113].

É que se uma má ação surge da natureza, isto é, da constituição inata do homem, então a culpa obviamente reside no autor dessa natureza. É por isso que se inventou a vontade livre. Mas então, sob a suposição dessa vontade livre, pura e simplesmente não se pode compreender de onde aquela ação deveria ter surgido; porque a vontade livre é, no fundo, uma propriedade meramente *negativa* e significa apenas que nada necessita ou impede que o homem aja dessa ou daquela maneira. Mas, assim, uma vez que a ação não deve provir da constituição inata ou adquirida do homem,

---

111. "Corolário: portanto, de onde procede o ser, daí também procede seu agir". (N.T.)

112. Para os escolásticos, a *aseitas* designa a qualidade fundamental de Deus, que o distingue de todos os outros entes, pela qual Ele deve apenas a si mesmo, *ā sē*, a causa, princípio ou fundamento de Sua própria existência. (N.T.)

113. "Diz-se livre a coisa que existe apenas pela necessidade de sua natureza e que apenas por si é determinada a agir; e diz necessária, ou melhor, coagida, aquela coisa que é determinada por uma outra a existir e a operar". (N.T.)

nunca mais ficará claro *de onde* é que afinal ela surge, tornando-se ela um fardo para seu criador; mas tampouco surgiria apenas de circunstâncias externas, com o que então ela seria atribuível ao acaso; portanto, em todo caso o homem permaneceria inocente – enquanto, na verdade, ele é sim responsabilizado por isso. A imagem natural de uma vontade livre é a de uma balança descarregada: fica ali tranquilamente e nunca sairá do equilíbrio a menos que se ponha algo num de seus pratos. Tanto quanto ela não pode produzir nenhum movimento por si mesma, tampouco pode a vontade livre produzir por si mesma uma ação; porque do nada não vem mesmo nada. Se a balança cair para um lado, então um corpo estranho tem de ter sido posto sobre ela, o qual é então a fonte do movimento. Do mesmo modo, a ação humana precisa ser provocada por algo que atue de modo *positivo* e seja mais do que uma liberdade meramente *negativa*. Mas isso só pode se dar de duas maneiras: ou bem os motivos o fazem por si mesmos, isto é, pelas circunstâncias externas, e então o homem claramente não é responsável pela ação e, além disso, todos os homens teriam de agir de forma idêntica sob idênticas circunstâncias; ou bem surge de sua receptividade a tais motivos e, portanto, do caráter inato, isto é, das inclinações que originalmente residem no homem, que podem ser diferentes nos indivíduos e através de cuja força os motivos atuam. Mas então a vontade não é mais livre: pois essas inclinações são o peso colocado nos pratos da balança. A responsabilidade recai sobre quem os colocou ali, ou seja, sobre aquele cuja obra é o homem com tais inclinações. Portanto, apenas no caso em que ele mesmo seja sua própria obra, ou seja, tenha asseidade, é que o homem é responsável pelo que faz.

Todo o ponto de vista aqui exposto permite aquilatar tudo o que está envolvido na liberdade da vontade que, enquanto tal, forma um abismo indispensável entre o Criador e os pecados de sua criatura; donde se compreende por que os teólogos a agarram de modo tão tenaz e por que seus escudeiros, os professores de filosofia, veem-se no dever de apoiá-los de modo tão zeloso que, surdos e cegos às mais contundentes contraprovas dos grandes pensadores, aferram-se à vontade livre e lutam por ela como que *pro ara et focis*.[114]

Mas, para finalmente concluir meu relato sobre Agostinho, anteriormente interrompido: como um todo, sua opinião é a de que o homem na verdade só teve uma vontade inteiramente livre antes da queda, mas depois dela, caído no pecado original, tem de esperar sua salvação pela eleição da Graça e redenção – o que significa falar como um Pai da Igreja.

---

114. "Em interesse próprio". (N.T.)

Neste entrementes, através de Agostinho e sua disputa contra maniqueus e pelagianos, a filosofia despertou para a consciência de nosso problema. A partir de então, pelos escolásticos, foi se tornando para ela paulatinamente mais claro aquilo de que o sofisma de Buridan e a passagem de Dante anteriormente citada davam testemunho. – Contudo, ao que tudo indica, quem primeiro chegou ao fundo da questão foi Thomas Hobbes, cujo escrito especialmente dedicado ao tema, *Questiones de libertate et necessitate, contra Doctorem Branhallum*, apareceu em 1656: agora ele é raro. Em inglês, encontra-se nas *Th. Hobbes Moral and Political Works*, um volume in-fólio, Londres, 1750, 469 páginas, de onde cito a seguinte passagem central, da página 483:

"*6) Nothing takes a beginning from itself; but from the action of some other immediate agent, without itself. Therefore, when first a man has an appetite or will to something, to which immediately before he had no appetite nor will; the cause of his will is not the will itself, but something else not in his own disposing. So that, whereas it is out of controversy, that of voluntary actions the will is the necessary cause, and by this which is said, the will is also necessarily* caused *by other things, whereof it disposes not, it follows that voluntary actions have all of them necessary causes, and therefore are* necessitated."

"*7) I hold* that *to be a* sufficient *cause, to which nothing is wanting that is needfull to the producing of the effect. The same is also a* necessary *cause: for, if it be possible that a sufficient cause shall not bring forth the* effect, *then there wanteth somewhat, which was needfull to the producing of it; and so the cause was not sufficient. But if it be impossible that a* sufficient *cause should not produce the effect; then is a* sufficient *cause a* necessary *cause. Hence it is manifest, that whatever is produced, is produced* necessarily. *For whatsoever is produced has had a* sufficient *cause to produce it, or else it had not been: and therefore also* voluntary *actions are* necessitated."

"*8) That ordinary definition of a free agent (namely that a free agent is that, which, when all things are present, which are needfull to produce the effect, can nevertheless not produce it) implies a contradiction and is Nonsense; being as much às to say, the cause may be* sufficient, *that is to say* necessary, *and yet the effect shall not follow.*"

Página 485: "*Every accident, how contingent soever it seem, or how voluntary soever it be, is produced* necessarily*.*"[115]

---

115. "6) Nada começa por si mesmo; mas da ação de algum outro agente imediato, fora de si mesmo. Portanto, quando um homem tem um apetite ou vontade de algo, para o que ele imediatamente antes não tinha nenhum apetite ou vontade; a causa dessa vontade não é a própria vontade, mas algo diferente que não depende dela. De modo que, estando

Em seu famoso livro *De Cive*, capítulo 1, §7, ele afirma: *"Fertur unusquisque ad appetitionem ejus, quod sibi bonum, et ad fugam ejus, quod sibi malum est, maxime autem maximi malorum naturalium, quae est mors; idque necessitate quadam naturae non minore, quam qua fertur lapis deorsum"*.[116]

Logo depois de Hobbes, vemos Spinoza tomado pela mesma convicção. Para caracterizar sua doutrina sobre esse ponto, bastarão algumas passagens:

"Ethica, P. I, prop. 32: Voluntas non potest vocari causa libera, sed tantum necessaria. – Coroll. 2: Nam voluntas, ut reliqua omnia, causa indiget, a qua ad operandum certo modo determinatur."

"Ibid., P. II, scholium ultimum. Quod denique ad quartam objectionem (de Buridani asina) attinet, dico, me omnino concedere, quod homo in tali aequilibrio positus (nempe qui nihil aliud percipit quam sitim et famem, talem cibum at talem potium, qui aeque ab eo distant) fame et siti peribit."

"Ibid., P. III, prop. 2. Schol. Mentis decreta eadem necessitate in mente oriuntur, ac ideae rerum actu existentium. Qui igitur credunt, se ex libero mentis decreto loqui vel tacere, vel quidquam agere, oculis apertis somniant. – Epist. 62. Unaquaeque res necessario a causa externa aliqua determinatur ad existendum et operandum certa ac determinata ratione. Ex. gr. lapis a causa externa, ipsum impellente, certam motus quantitatem accipit, qua postea moveri necessario perget. Concipe jam lapidem, dum

---

fora de questão que a vontade é a causa necessária das ações voluntárias, e, com isso, o que foi dito, que a vontade é, portanto, necessariamente *causada* por outras coisas, que não dependem dela, segue-se que ações voluntárias têm, todas elas, causas necessárias e, portanto, são *necessitadas*."

"7) Considero que *isso* é ser uma causa *suficiente*, à qual nada falta que seja preciso para a produção do efeito. A mesma é, portanto, uma causa *necessária*: pois, se fosse possível que uma causa *suficiente* não acarretasse a produção do *efeito*, então faltaria ali algo que fosse preciso para a sua produção; e assim a causa não seria *suficiente*. Mas, sendo impossível que uma causa *suficiente* não produza o efeito, então uma causa *suficiente* é uma causa *necessária*. Assim, é patente que o que quer que seja produzido, é produzido *necessariamente*. Pois o que quer que seja produzido teve uma causa *suficiente* para sê-lo, ou então não o teria sido: e, portanto, também as ações *voluntárias* são *necessitadas*."

"8) Aquela definição habitual de um agente livre (a saber, que um agente livre é aquele que, estando presentes todas as coisas requeridas para produzir o efeito, pode, entretanto, não produzi-lo) implica uma contradição e é absurda; equivalendo a dizer que uma causa pode ser *suficiente*, isto é, *necessária*, e ainda assim o efeito não se seguir."

Página 485: "Todo acidente, por mais *contingente* que pareça, ou por mais *voluntário* que possa ser, é produzido *necessariamente*".

116. "Cada qual é levado a apetecer o que é bom para si e a evitar o que é ruim para si, sobretudo o maior dos males naturais, que é a morte. E isso em virtude de uma certa necessidade da natureza que não é menor do que aquela com que uma pedra cai." [*Do Cidadão*, cap. 1, §7] (N.T.)

moveri pergit, cogitare et scire, se, quantum potest, conari, ut moveri pergat. Hic sane lapis, quandoquidem sui tantummodo conatus est conscius et minime indifferens, se liberrimum esse et nulla alia de causa in motu perseverare credet, quam quia vult. Atque haec humana illa libertas est, quam omnes habere jactant, et quae in hoc solo consistit, quod homines sui appetitus sint conscii, et causarum, a quibus determinantur, ignari. – His, quaenam mea de libera et coacta necessitate, deque ficta humana libertate sit sententia, satis explicui".[117]

Mas é bastante notável a circunstância de Spinoza não ter chegado a essa compreensão senão em seus últimos anos (isto é, já na casa dos quarenta), depois de, anteriormente, no ano de 1665, quando ainda era um cartesiano, em seus *Cogitatis metaphysicis*[118] ter defendido viva e decididamente a opinião contrária, e até mesmo em direta contradição com o *scholio ultimo Partis II*, anteriormente citado, no que diz respeito

---

117. "Ética, Parte I, proposição 32: A vontade não pode ser chamada de causa livre, mas apenas necessária. – Corolário 2: Pois a vontade, como tudo o mais, precisa de uma causa pela qual seja determinada a existir e a operar de certo modo."
"*Ibid.*, Parte II, último escólio [da proposição 49]: Quanto à quarta objeção (a do asno de Buridan), digo, sem dúvida, que um homem assim indeciso (ou seja, nada mais percebendo senão a sede e a fome, vendo o alimento e a bebida postos a uma igual distância dele), perecerá de fome e sede."
"*Ibid.*, Parte III, escólio da proposição 2: As decisões da mente se originam, nela, com a mesma necessidade com que se originam as ideias das coisas existentes em ato. Portanto, os que julgam que é pela livre decisão da mente que falam, se calam ou fazem qualquer outra coisa, sonham de olhos abertos."
"Epístola 62: Qualquer coisa está necessariamente determinada por alguma causa externa a existir e a atuar de modo certo e determinado. Por exemplo, a pedra recebe de uma causa externa que a empurra uma certa quantidade de movimento pela qual segue depois movendo-se necessariamente. Agora, imagina que a pedra, enquanto continua se movendo, pensa e sabe que se esforça o quanto pode para continuar se movendo. Sem dúvida, essa pedra, uma vez que está consciente de seu esforço e não é de nenhum modo indiferente a ele, crê que é absolutamente livre e que não se mantém em movimento por nenhuma outra causa senão porque assim o quer. E esta é aquela liberdade humana que todos se gabam de ter e que consiste apenas no fato de os homens serem conscientes de seu desejo e ignorarem as causas pelas quais estão determinados. [...] Com isso, expliquei suficientemente qual é meu parecer acerca da necessidade livre e coagida, e da presumida liberdade humana." (N.T.)

118. O texto a que Schopenhauer aqui se refere, *Cogitata Metaphysica* ("Pensamentos Metafísicos") é um apêndice da obra *Principia philosophiae cartesianae* ("Princípios da filosofia cartesiana"). As informações de Schopenhauer a esse respeito são imprecisas. Em primeiro lugar, o livro foi publicado em 1663, dois anos antes do indicado por Schopenhauer. Em segundo lugar, não é correto afirmar que Spinoza tenha sido a essa época um cartesiano. A obra em questão, como o título indica, é uma exposição que Spinoza faz da filosofia de Descartes e não da sua própria. Por fim, também é incorreto considerar a filosofia da *Ética* como algo a cuja formulação Spinoza só teria chegado em seus últimos anos: já havia os primeiros esboços de sua obra principal quando da publicação dos *Principia philosophiae cartesianae*. (N.T.)

ao sofisma de Buridan: *"Si enim hominem loco asinae ponamus in tali aequilibrio positum, homo, non pro re cogitante, sed pro turpissimo asino erit habendus, si fame et siti pereat".*[119]

Mais adiante relatarei sobre a mesma mudança de opinião e conversão [*Bekehrung*] de dois outros grandes homens. Isso demonstra quão difícil e profunda é a correta compreensão do nosso problema.

Hume, em seu *Essay on Liberty and Necessity*, do qual já citei uma passagem, escreve com a mais inequívoca convicção acerca da necessidade das volições singulares diante de motivos dados e a apresenta de modo claríssimo em seu estilo universalmente apreensível. Ele diz: *"Thus it appears that the conjunction between motives and voluntary actions is as regular and uniform as that between the cause and effect in any part of nature".* E continua: *"It seems almost impossible, therefore, to engage either in science or action of any kind, without acknowledging the doctrine of necessity and this inference from motives to voluntary actions, from character to conduct".*[120]

Mas nenhum escritor expôs a necessidade das volições de modo tão detalhado e convincente quanto Priestley em sua obra exclusivamente dedicada ao assunto: *The Doctrine of Philosophical Necessity.*[121] Quem não for convencido por esse livro escrito de forma sumamente clara e apreensível certamente tem o entendimento paralisado por preconceitos. Para a caracterização de seus resultados, trago algumas passagens, que cito a partir da 2ª edição, Birmingham, 1782:

Prefácio, p. XX: *"There is no absurdity more glaring to my understanding, than the notion of philosophical liberty".* – p. 26: *"Without a miracle, or the intervention of some foreign cause, no volition or action of any man could have been otherwise, than it has been."* – p. 37: *"Though an inclination or affection of the mind be not gravity, it influences me and acts upon me as certainly and necessarily, as this power does upon a*

---

119. "Se puséssemos um homem no lugar de um asno no mesmo equilíbrio e ele morresse de fome e sede, deveríamos tomá-lo não como uma coisa pensante, mas como o mais estúpido dos asnos." (N.T.)

120. "Disso resulta que a conjunção entre motivos e ações voluntárias é tão regular e uniforme quanto a que há entre causa e efeito em qualquer parte da natureza." "Parece quase impossível, portanto, empreender algo, seja na ciência, seja em qualquer ação, sem reconhecer a doutrina da necessidade e essa inferência de motivos a ações voluntárias, do caráter à conduta." (N.T.)

121. Joseph Priestley (1733-1804), teólogo, filósofo, químico, pedagogo, gramático, publicou mais de 150 obras. Expoente do iluminismo britânico, defendeu o liberalismo político e tentou compatibilizar teísmo cristão, materialismo e absoluto determinismo. A obra aqui citada, "A doutrina da necessidade filosófica", de 1777, é uma de suas principais obras metafísicas. (N.T.)

stone." – p. 43: *"Saying that the will is self-determined, gives no idea at all, or rather implies an absurdity, viz: that a* determination, *which is an effect, takes place, without any cause at all. For exclusive of every thing that comes under the denomination of* motive, *there is really nothing at all left, to produce the determination. Let a man use what* words *he pleases, he can have no more* conception *how we can sometimes be determined by motives, and sometimes without any motive, than he can have of a scale being sometimes weighed down by weights, and sometimes by a kind of substance that has no weight at all, which, whatever it be in itself, must, with respect to the scale be* nothing." – p. 66: *"In proper philosophical language, the motive ought to be call'd the* proper cause *of the action. It is as much so as any thing in nature is the cause of any thing else."* – p. 84: *"It will never be in our power to choose two things, when all the previous circumstances are the very same."* – p. 90: *"A man indeed, when he reproaches himself for any particular action in his passed conduct, may fancy that, if he was in the same situation again, he would have acted differently. But this is a mere* deception; *and if he examines himself strictly, and takes in all circumstances, he may be satisfied that, with the same inward disposition of mind, and with precisely the same view of things, that he had then, and exclusive of all others, that he has acquired by reflection since, he could not have acted otherwise than he did."* – p. 287: *"In short, there is no choice in the case, but of the doctrine of necessity or absolute nonsense.".*[122]

---

122. Prefácio, p. XX: "Não há absurdidade mais flagrante para o meu entendimento do que a noção de liberdade filosófica." – p. 26: "Sem um milagre ou a intervenção de alguma causa externa, nenhuma ação ou volição de um homem qualquer poderia ter sido diferente de como foi." – p. 37: "Embora uma inclinação ou afecção da mente não seja a gravidade, ela me influencia e atua sobre mim de modo tão certo e necessário quanto aquela força o faz sobre uma pedra." – p. 43: "Dizer que a vontade é *autodeterminada* não diz nada ou, antes, implica um absurdo, a saber, que uma *determinação*, que é um efeito, acontece sem absolutamente nenhuma causa. Pois, excluindo-se tudo aquilo que cai sob a denominação de *motivo*, não sobra realmente nada para produzir a determinação. Um homem pode usar as *palavras* que bem quiser, ele não tem como fazer nenhuma ideia de como somos, às vezes, determinados por motivos e, às vezes, sem qualquer motivo, tanto quanto não faz ideia de como o prato de uma balança possa às vezes descer devido a pesos e, às vezes, devido a alguma substância que não tem peso algum, a qual, seja o que for, não é *nada* no que se refere à balança." – p. 66: "Numa linguagem propriamente filosófica, o motivo deve ser chamado de *causa própria* da ação. Ele o é tanto quanto qualquer coisa na natureza é a causa de qualquer outra." – p. 84: "Nunca estará em nosso poder escolher entre duas coisas quando todas as circunstâncias prévias forem idênticas." – p. 90: "De fato, quando um homem reprova a si mesmo por qualquer ação particular em suas condutas passadas, pode imaginar que, se estivesse novamente na mesma situação, agiria de modo diferente. Mas isso é uma mera *ilusão*; e se ele examinar a si mesmo de modo rigoroso e levar em conta todas as circunstâncias, poderá se satisfazer com o fato de que, com a mesma disposição

Deve ser observado que as coisas se passaram com Priestley exatamente como com Spinoza e com outro grande homem que logo será mencionado. É que Priestley diz no prefácio da primeira edição, p. XXVII: "*I was not however a ready convert to the doctrine of necessity. Like Dr. Hartley himself, I gave up my liberty with great reluctance, and in a long correspondence, which I once had on the subject, I maintained very strenuously the doctrine of liberty, and did not at all yield to the arguments then proposed to me.*".[123]

O terceiro grande homem com o qual o mesmo se deu é Voltaire, que o relata com a amabilidade e candura que lhe são próprias. É que em seu *Traité de métaphysique*, capítulo 7, ele defendera detalhada e vividamente a assim chamada liberdade da vontade. Mas em seu livro *Le philosophe ignorant*, escrito mais de quarenta anos mais tarde, professa a rigorosa necessidade das volições, no capítulo 13, que ele encerra assim: "*Archimède est également n´ecessité de rester dans sa chambre, quand on l'y enferme, et quand il est si fortement occupé d'un problème, qu'il ne reçoit pas l'idée de sortir:*

Ducunt volentem fata, nolentem trahunt.

L'ignorant qui pense ainsi n'a pas toujours pensé de même, mais il est enfin contraint de se rendre.".[124] No livro seguinte: *Le principe d'action*, ele diz no capítulo 13: "*Une boule, qui en pousse une autre, un chien de chasse, qui court nécessairement et volontairement après un cerf, ce cerf, qui franchit un fossé immense avec non moins de néecessité et de volonté: tout cela n'est pas plus invinciblement déterminé que nous le sommes à tout ce que nous fesons.*".[125]

---

interior da mente, e com precisamente a mesma visão das coisas que ele tinha naquele momento, e excluindo-se todas as outras que ele adquiriu pela reflexão *desde então*, ele não poderia ter agido de modo diferente daquele como o fez." – p. 287: "Em suma, não há escolha senão entre a doutrina da necessidade ou o completo absurdo.".

123. "Contudo, eu não estava pronto a me converter à doutrina da necessidade. Tal como o próprio Dr. Hartley, foi apenas com grande relutância que abri mão de minha liberdade e, numa longa correspondência que certa feita tive acerca do tema, afirmei energicamente a doutrina da liberdade e não cedi de modo algum aos argumentos que me foram então oferecidos."

124. "Arquimedes está tão necessitado de permanecer em seu quarto quando o trancam nele quanto quando está tão fortemente ocupado com um problema que nem lhe ocorre a ideia de sair: / 'Os destinos conduzem aquele que quer e arrastam o que não quer.' [Sêneca, *Epístola* 107, II] / *O ignorante que pensa assim não pensou sempre da mesma forma*, mas ao fim foi obrigado a se render." (N.T.)

125. "Uma bola que colide em outra, um cão de caça que corre necessária e voluntariamente atrás de um cervo, o qual salta por sobre um fosso imenso com não menos necessidade: tudo isso é tão irresistivelmente determinado quanto nós o somos em tudo o que

Essa consistente conversão à nossa posição por parte de três das mais eminentes cabeças há de dar o que pensar àqueles que tentam combater verdades bem fundamentadas com aquele "mas posso fazer o que eu quiser" de sua simplória autoconsciência, que nada tem a ver com a questão.

Vindo na sequência desses seus predecessores próximos, não nos pode surpreender que Kant tomasse como coisa já estabelecida, tanto nele como em outros, a necessidade com que o caráter empírico é determinado a ações por motivos e não se demorasse em demonstrá-la de novo. É assim que ele inicia suas "Ideias para uma História Universal":[126] "Qualquer que seja o conceito que se faça da *liberdade da vontade* de um ponto de vista metafísico, suas *manifestações fenomênicas [Erscheinungen]*, as ações humanas, são determinadas por leis naturais como qualquer outro evento da natureza.". – Na *Crítica da Razão Pura* (p. 548 da 1ª edição, ou p. 577 da 5ª)[127], ele diz: "*Como o próprio caráter empírico tem de ser extraído como efeito dos fenômenos e da regra destes, que é fornecida pela experiência, então todas as ações do homem são determinadas, no fenômeno, conforme a ordem da natureza, pelo seu caráter empírico e pelas outras causas concomitantes; e, se pudéssemos investigar até o fundo todos os fenômenos do seu arbítrio, não haveria uma única ação humana que não pudéssemos predizer com certeza e que, a partir das condições que a precedem, não pudéssemos reconhecer como necessária. Portanto, em relação a este caráter empírico não há liberdade e é só em relação a este que podemos considerar o homem, se quisermos unicamente observar e se, como acontece na antropologia, quisermos investigar fisiologicamente as causas determinantes de suas ações.". –* Na mesma obra, p. 798 da 1ª edição, ou p. 826 da 5ª, lê-se: "*Que a vontade seja livre, isto só diz respeito à causa inteligível do nosso querer. Pois, quanto às suas manifestações fenomênicas, isto é, às ações, conforme uma máxima fundamental inviolável, sem a qual não podemos fazer nenhum uso empírico da nossa razão, não podemos jamais explicá-las de maneira diferente daquela pela qual explicamos todos os outros fenômenos da natureza, a saber, segundo as leis imutáveis desta.".* – Depois, na *Crítica da*

---

façamos." [Voltaire, *Le Principe d'action*, cap. 13, *Mélanges de philosophie*, ed. 1781, XX, p. 225]. (N.T.)

126. Trata-se do opúsculo "*Idee zu einer allgemeinen Geschichte in weltbürgerlicher Absicht*" [Ideia para uma História Universal de um ponto de vista cosmopolita"], publicado por Kant em 1784. (N.T.)

127. Na verdade, na 1ª edição, a passagem citada encontra-se nas p. 549-50. A paginação da 5ª edição corresponde à da 2ª edição. (N.T.)

Razão Prática, p. 177 da 4ª edição ou p. 230 da edição de Rosenkranz:[128] *"Pode-se portanto admitir que se nos fosse possível compreender de modo profundo a mente de um homem, tal como se mostra nas ações tanto internas quanto externas, tão a fundo que nos fossem conhecidos todos os seus móbiles, até os menores deles, assim como todas as circunstâncias externas que atuam sobre eles, então se poderia calcular a conduta de um homem no futuro com a mesma certeza com que se calcula o eclipse da Lua ou do Sol".*

Mas a isso ele liga sua doutrina da coexistência da liberdade com a necessidade em virtude da distinção entre o caráter inteligível e o empírico, posição à qual retornarei a seguir, posto que a compartilho totalmente. Kant a expôs duas vezes, a saber, na *Crítica da Razão Pura*, p. 532-54 da 1ª edição e p. 560-82 da 5ª edição, e ainda mais claramente na *Crítica da Razão Prática*, p. 169-79 da 4ª edição e p. 224-31 da de Rosenkranz:[129] essas passagens, profundamente pensadas, têm de ser lidas por todo aquele que queira obter um conhecimento fundamental sobre a compatibilidade da liberdade humana com a necessidade das ações.

Até aqui, o presente ensaio sobre esse assunto se distingue das realizações de todos esses nobres e honoráveis predecessores principalmente em dois pontos: primeiro porque, guiado pela questão do prêmio, fiz uma rigorosa separação entre, de um lado, a percepção interna da vontade na autoconsciência e, de outro, a externa, e considerei cada uma por si, pelo que se tornou pela primeira vez possível descobrir a fonte da ilusão que atua de modo tão irresistível sobre tantos homens; segundo porque considerei a vontade em relação ao restante da natureza, o que ninguém fez antes de mim, pelo que, pela primeira vez, o objeto pôde ser tratado com a radicalidade, a compreensão metódica e a totalidade que lhe cabem.

Agora, ainda algumas palavras sobre alguns escritores que escreveram depois de Kant e que eu, contudo, não considero como meus precursores.

Em sua *Investigação sobre a liberdade humana*,[130] p. 465-71, Schelling forneceu uma paráfrase explicativa da importantíssima doutrina de Kant sobre o caráter inteligível e empírico, agora há pouco elogiada. Pela vivacidade de seu colorido, essa paráfrase pode servir para tornar o tema mais apreensível a alguns do que pela minuciosa, mas seca, apresentação

---

128. *Akademie Ausgabe*, 5, p. 99. (N.T.)

129. *Akademie Ausgabe*, 5, p. 94-100. (N.T.)

130. Trata-se da obra *"Philosophische Untersuchungen über das Wesen der menschlichen Freiheit und die Zusammenhangenden Gegenstande"* ["Investigações filosóficas sobre a essência da liberdade humana e os assuntos com ela relacionados"], de 1809. (N.T.)

kantiana. Entretanto, não posso mencioná-la sem censurar, em honra da verdade e de Kant, o fato de aqui, onde expõe uma das mais importantes e mais admiráveis, em meu juízo inclusive a mais profunda de todas as doutrinas kantianas, Schelling não diga claramente que o que ele agora apresenta pertence, pelo conteúdo, a Kant; e que, ao contrário, se expresse de modo que a grande maioria dos leitores, que não têm exatamente presente o conteúdo das amplas e difíceis obras do grande homem, têm de supor que leem aqui os próprios pensamentos de Schelling. Quero mostrar apenas com *uma* prova entre muitas até que ponto o resultado correspondeu aqui à intenção. Ainda em nossos dias, um jovem professor de filosofia de Halle, o senhor Erdmann,[131] disse em seu livro *Corpo e Alma*, de 1837, p. 101: "ainda que Leibniz, de modo semelhante a Schelling em seu tratado sobre a liberdade, admita que a alma seja determinada com anterioridade a todo tempo" etc. De modo que Schelling se encontra aqui em relação a Kant na feliz situação de Américo em relação a Colombo: seu nome foi estampado na descoberta alheia. Mas ele deve agradecê-lo à sua esperteza e não ao acaso. Pois, na p. 465, afirma: "Foi o *idealismo* que elevou pela primeira vez a doutrina da liberdade àquele âmbito" etc., e logo seguem imediatamente os pensamentos kantianos. De modo que, em vez de dizer aqui, como manda a honestidade, "Kant", diz espertamente "o idealismo": mas com essa equívoca expressão todos hão de entender aqui a filosofia de Fichte e a primeira – fichteana – filosofia de Schelling, mas não a doutrina de Kant; porque este protesta contra a denominação de *idealismo* para sua filosofia (por exemplo, *Prolegômenos*, p. 51 e 155 da edição de Rosenkranz)[132]; e inclusive havia acrescentado, na segunda edição da *Crítica da Razão Pura*, p. 274, uma "Refutação do Idealismo". Na página seguinte, Schelling muito espertamente menciona de passagem numa frase "o conceito kantiano", a fim de calar aqueles que já sabem que é riqueza kantiana o que aqui tão pomposamente se saca reluzindo como mercadoria própria. Mas logo dirá ainda na p. 472, a despeito de toda verdade e justiça, que Kant *não* havia atingido em sua teoria esse parecer etc.; quando todos podem ver claramente, a partir dessas passagens imortais de Kant que anteriormente recomendei reler, que apenas a ele pertence originalmente esse parecer que, sem ele, nem mil cabeças como as dos senhores Fichte e Schelling teriam sido jamais capazes de conceber. Como eu tinha aqui de falar sobre o tratado de Schelling, não podia me calar

---

131. Johann Eduard Erdmann (1805-1892), pastor, historiador da filosofia e filósofo da religião, considerado um dos representantes da chamada "direita hegeliana". (N.T.)

132. *Akademie Ausgabe*, 4, p. 293. (N.T.)

sobre esse ponto; apenas cumpri com meu dever diante daquele grande mestre da humanidade, o único que, ao lado de Goethe, é o justo orgulho da nação alemã, reivindicando para ele o que inegavelmente só a ele pertence – principalmente em um tempo em que, com toda propriedade, vale o dito de Goethe: "A criançada é senhora da rua." – No mesmo tratado, aliás, Schelling tampouco hesitou em se apropriar dos pensamentos e até das palavras de Jakob Böhme sem entregar sua fonte.

Para além dessa paráfrase dos pensamentos kantianos, aquelas *Investigações sobre a Liberdade* não contêm nada que pudesse servir para nos trazer explicações novas ou minuciosas sobre a liberdade. Isso já se pode ver logo no início pela definição: liberdade seria "uma faculdade do bem e do mal". Uma tal definição pode prestar para o catecismo: para a filosofia, contudo, nada se diz com isso e, portanto, não se pode fazer nada com ela. Pois bem e mal estão longe de ser conceitos simples (*notiones simplices*) que, claros em si mesmos, não careceriam de nenhuma explicação, estabelecimento ou fundamentação. Na verdade, apenas uma pequena parte daquele tratado lida com a liberdade: seu principal conteúdo é antes um relato detalhado sobre um Deus com o qual o senhor autor revela ter uma íntima relação, pois nos descreve até mesmo seu surgimento; é de se lamentar apenas que ele jamais mencione como chegou a essa relação. O início do tratado é uma teia de sofismas cuja platitude será reconhecida por todo aquele que não se deixar intimidar pelo atrevimento do tom.

Desde então, e como consequência desse e de similares produtos, a "intuição intelectual" e o "pensamento absoluto" suplantaram na filosofia alemã os conceitos claros e a investigação honesta: tornou-se método impressionar, aturdir, mistificar, atirar areia nos olhos do leitor mediante todo tipo de truques e, em todos os casos, a exposição é conduzida pela intenção em vez de pelo discernimento. Com tudo isso, a filosofia, se ainda se quiser chamá-la assim, teve de descer cada vez mais baixo até que enfim alcançou o grau mais profundo de baixeza na criatura ministerial que é Hegel: este, a fim de asfixiar de novo a liberdade de pensamento conseguida por Kant, transformou a filosofia, filha da razão e futura mãe da verdade, em instrumento de fins estatais, do obscurantismo e do jesuitismo protestante: mas, para ocultar a ignomínia e ao mesmo tempo produzir o maior emburrecimento possível das cabeças, cobriu-a com o manto da mais oca verborragia e do mais absurdo galimatias que jamais se ouviu, ao menos fora do manicômio.

De um modo geral, na Inglaterra e na França a filosofia ainda se encontra praticamente no mesmo lugar onde Locke e Condillac a deixaram.

Maine de Biran,[133] chamado por seu editor, o senhor Cousin, de *"le premier métaphysicien Français de mon tems"*,[134] em suas *Nouvelles considérations du physique et moral*, que apareceram em 1834, apresenta-se como um fanático partidário do *liberi arbitrii indifferentiae* e o toma como uma coisa evidente. Alguns dos modernos escrevinhadores filosóficos alemães não fazem diferente: sob o nome de "liberdade moral", dão de barato o *liberum arbitrium indifferentiae*, exatamente como se nunca tivessem existido os grandes homens anteriormente citados. Eles declaram a liberdade da vontade como imediatamente dada na autoconsciência e, assim, tão inabalavelmente estabelecida que todos os argumentos contrários não podem ser nada senão sofismas. Essa sublime confiança surge simplesmente do fato de que os bons dentre eles não sabem o que é e o que significa a liberdade da vontade, mas em sua inocência não entendem por ela mais que o domínio da vontade sobre os membros do corpo, analisado na nossa segunda seção, domínio do qual, contudo, nenhum homem razoável jamais duvidou e cuja expressão é justamente aquele "posso fazer o que eu quiser". Isto, eles creem sinceramente, seria a liberdade da vontade e insistem que ela está acima de qualquer dúvida. É esse o estado de inocência a que a filosofia hegeliana, depois de tantos grandes predecessores, reduziu o espírito pensante alemão. A esse tipo de gente se poderia muito bem gritar:

> Não sois como as mulheres, que sempre
> retornam à sua primeira palavra
> depois de termos passado horas falando razoavelmente com elas?[135]

Contudo, é possível que em alguns deles atuem silenciosamente os motivos teológicos anteriormente indicados.

E, de novo, os escritores médicos, zoólogos, historiadores, políticos e beletristas de nosso tempo, com que prazer agarram qualquer oportunidade para mencionar a "liberdade do homem", a "liberdade moral"! E se acham grande coisa ao fazê-lo. Decerto não se aventuram a uma explicação dela: mas se fôssemos examiná-los, descobriríamos que com ela ou bem não pensam absolutamente nada, ou bem pensam no nosso velho, honorável e bem conhecido *liberum arbitrium indifferentiae*, por elegantes que sejam as expressões com que o revestem, portanto um conceito de cuja ili-

---

133. Marie-François-Pierre Gonthier de Biran (1766-1824), filósofo e político francês, um dos iniciadores da reação espiritualista contra o materialismo, a qual marcou a filosofia francesa no começo do séc. XIX. (N.T.)

134. "O primeiro metafísico francês de meu tempo". (N.T.)

135. Schiller, *Wallensteins Tod*, II, 3. (N.T.)

citude talvez nunca se chegue a convencer a grande turba, mas sobre o qual os eruditos deveriam se guardar de falar com tanta inocência. Daí mesmo que haja entre eles alguns desanimados que são muito divertidos, pois não se atrevem a falar da liberdade da *vontade*, mas, para fazê-lo de modo fino, em seu lugar dizem "liberdade do *espírito*"; e assim esperam que cole. Ao leitor que me olhe perguntando o que entendem por isso, posso felizmente indicá-lo: nada, absolutamente nada – senão, de acordo com a boa forma e estilo alemães, uma expressão indecisa que na verdade nada diz, mas que lhes garante o esconderijo propício à sua vacuidade e covardia, de modo a que possam escapar. A palavra "espírito", na verdade uma figura de linguagem, sempre designa as faculdades *intelectuais* por oposição à vontade: mas essas não hão de ser de modo algum livres em seu atuar, devendo antes adequar-se, submeter-se e subordinar-se, em primeiro lugar, às regras da lógica, e logo a cada *objeto* de seu conhecimento, a fim de concebê-lo pura, isto é, *objetivamente*, e de que nunca se diga *stat pro ratione voluntas*.[136] Esse "espírito" que perambula por toda parte na atual literatura alemã é um companheiro suspeitíssimo ao qual, portanto, devemos perguntar por seu passe onde quer que com ele nos deparemos. Seu ofício mais frequente é servir de máscara à pobreza de pensamento ligada à covardia. Aliás, como se sabe, a palavra "espírito" [*Geist*] é aparentada com a palavra "gás" [*Gas*] que, proveniente do árabe e da alquimia, significa vapor ou ar, exatamente como *spiritus*, πνεῦμα [*pneûma*], *animus*, aparentadas com ἀνέμως [*anémos*].

Depois de tudo o que os grandes espíritos citados ensinaram a respeito do assunto, esse é o atual estado de coisas a respeito de nosso tema no mundo filosófico e no mundo erudito em geral; com o que de novo se confirma não apenas que a natureza tenha produzido em todas as épocas pouquíssimos pensadores verdadeiros, a título de raras exceções, mas também que esses poucos tenham sempre sido para muito poucos. Daí que o delírio e o erro mantenham perpetuamente o seu domínio.

Num tema moral, o testemunho dos grandes poetas também tem seu peso. Eles não falam de acordo com um exame sistemático, mas seu olhar profundo descerra a natureza humana: assim, suas afirmações acertam imediatamente a verdade. – Em Shakespeare, *Measure for measure*,[137] ato II, cena 2, Isabella pede a Ângelo, o representante do duque, a graça para seu irmão condenado à morte:

---

136. "A vontade no lugar da razão". [Juvenal, *Sátiras*, VI, 223.] (N.T.)

137. "Medida por Medida". (N.T.)

Angelo: I will not do it.
Isabella: But can you if you would?
Angelo: Look, what I will not, that I cannot do.[138]

Em *Twelfth Night*,[139] ato I, lemos:

Fate show thy force, ourselves we do not owe,
What is decree'd must be, and be this so.[140]

Também Walter Scott, esse grande conhecedor e pintor do coração humano e seus secretos impulsos trouxe à luz aquela profunda verdade em seu *St. Romans Well*, v. 3, cap. 6. Ele apresenta uma moribunda pecadora arrependida, que em seu leito de morte procura por meio de confissões aliviar sua consciência moral amedrontada e, em meio a isso, diz:

> *Go, and leave me to my fate; I am the most detestable wretch, that ever liv'd, – detestable to myself, worst of all; because even in my penitence there is a secret whisper that tells me, that were I as I have been, I would again act over all the wickedness I have done, and much worse. Oh! for Heavens assistance, to crush the wicked thought!*[141]

Uma prova dessa exposição poética nos é fornecida pelo seguinte fato paralelo a ela que ao mesmo tempo confirma a doutrina da constância do caráter. Originalmente publicado no jornal francês *La Presse*, o relato foi republicado no *Times* de 2 de julho de 1845, de onde o traduzo. A manchete diz: *Execução Militar em Oran.* "Em 24 de março havia sido condenado à morte o espanhol Aguilar, vulgo Gómez. No dia anterior à execução, em uma conversa com seu carcereiro, disse: Não sou tão culpado quanto me apresentaram; sou acusado de ter cometido 30 homicídios, quando só cometi 26. Desde criança tive sede de sangue; quando tinha sete anos e meio, apunhalei uma criança. Assassinei uma

---

138. "Ângelo: Não quero fazê-lo./ Isabella: Mas poderíeis, se quisésseis?/ Ângelo: Vede, o que eu não *quero*, não *posso*."

139. "Noite de Reis". (N.T.)

140. "Agora podes mostrar teu poder, ó destino:/ o que há de ser terá de acontecer e ninguém se possui a si mesmo." [A tradução para o português se ateve à tradução alemã que Schopenhauer ofereceu para o trecho. (N.T.)]

141. "Vá e abandona-me ao meu destino. Sou a criatura mais miserável e abominável que jamais viveu – a mais abominável para mim mesma; porque mesmo em meu arrependimento há um secreto sussurro me dizendo que, estivesse eu novamente onde estive, cometeria novamente todas as perversidades que cometi, e outras ainda piores. Ó, que os céus me ajudem a sufocar o infame pensamento!"

130

mulher grávida, e mais tarde um oficial espanhol, motivo pelo qual me vi forçado a fugir da Espanha. Fugi para a França, onde cometi dois crimes antes de me alistar à Legião Estrangeira. Entre todos os meus crimes, aquele de que mais me arrependo é o seguinte: em 1841, estando à frente de minha companhia, fiz prisioneiro um comissário geral deportado que ia escoltado por um sargento, um cabo e sete homens. Mandei decapitarem a todos. A morte dessas pessoas pesa gravemente sobre mim: vejo-os em meus sonhos e amanhã vou vê-los nos soldados que me fuzilarão. *Não obstante, se eu conseguisse novamente minha liberdade, assassinaria ainda outros mais.*" Também cabe aqui a seguinte passagem da *Ifigênia* (ato 4, cena 2) de Goethe:

> *Arkas*: Pois não atendeste ao fiel conselho.
> *Ifigênia*: Fiz com gosto o que pude.
> *Arkas*: Ainda há tempo de mudares de ideia.
> *Ifigênia*: Isso nunca está em nosso poder.

Uma famosa passagem do Wallenstein de Schiller também expressa nossa verdade fundamental:

> Conhecei os feitos e pensamentos do homem!
> Não são como as ondas do mar cegamente movidas.
> O mundo interno, seu microcosmos, é
> o poço profundo de onde eles fluem eternamente.
> Eles são necessários como o fruto da árvore,
> o acaso não pode mudá-los num passe de mágica.
> Se examinei o âmago do homem,
> conheço também sua vontade e suas ações.[142]

---

142. Schiller, *Wallensteins Tod*, II, 3, final. (N.T.)

V

Encerramento e consideração superior

Foi com satisfação que recordei aqui todos esses gloriosos precursores da verdade que defendi, tanto poéticos como filosóficos. Entretanto, as armas dos filósofos não são autoridades, mas sim razões; por isso, foi apenas com essas que guiei meu tema e espero ter-lhes conferido tamanha evidência que agora bem tenho o direito de extrair a conclusão *a non posse ad non esse*, com o que a negativa à questão posta pela Real Sociedade, que anteriormente, ao investigar a autoconsciência, fundamentou-se de modo direto e a partir de fatos, portanto de modo *a posteriori*, está agora fundamentada também mediatamente e *a priori*: pois o que absolutamente não existe, tampouco pode contar com dados da autoconsciência a partir dos quais pudesse ser demonstrado.

Ainda que a verdade aqui defendida talvez pertença àquelas que possam ir de encontro às opiniões preconcebidas da multidão míope, e inclusive escandalizar aos débeis e ignorantes, isso não pôde me impedir de apresentá-la sem rodeios e reservas, considerando que aqui não falo ao povo, mas sim a uma Academia ilustrada que não propôs sua tão oportuna questão para a consolidação do preconceito, mas sim por amor à verdade. – Além disso, enquanto ainda se trata de constatar e certificar uma verdade, o honesto investigador sempre olhará unicamente para suas razões e não para suas consequências, para o que depois chegará a hora, quando aquela se consolidar. Examinar unicamente as razões, despreocupado das consequências, sem se perguntar primeiramente se uma verdade conhecida está ou não em consonância com o sistema de nossas outras convicções – isto é o que já recomendava Kant, cujas palavras não posso deixar de repetir aqui: "Isto reforça a máxima, já conhecida e celebrada por outros, de, em toda investigação científica, seguir imperturbável o seu curso, com toda a exatidão e sinceridade possível, sem se voltar àquilo com que talvez se possa vir a chocar fora de seu campo, mas sim executá-la por si mesma, tanto quanto for possível, verdadeira e completamente. A frequente observação me convenceu de que, tendo-se levado a cabo essa tarefa, o que na metade do trajeto, fossem levadas em consideração doutrinas externas, me pareceria às vezes muito difícil, tirando os olhos dessa dificuldade e prestando atenção apenas à minha tarefa até que estivesse concluída, ao final, de forma inesperada, tudo aquilo concordava perfeitamente com o que havia descoberto por mim mesmo, sem a menor consideração por aquelas doutrinas, sem partidarismo nem preferência por elas. Os escritores se poupariam de alguns erros e de algum trabalho perdido (porque construído sobre uma quimera), se simplesmente conseguissem se decidir a pôr mãos à obra com um pouco mais de sinceridade." (*Crítica da Razão Prática*, p. 190 da 4ª edição ou p. 239 da edição de Rosenkranz.).

Afinal, nossos conhecimentos metafísicos em geral ainda estão muito longe de gozarem de tamanha certeza a ponto de devermos recusar uma verdade minuciosamente demonstrada apenas porque suas consequências não se coadunam com eles. Antes, cada verdade adquirida e estabelecida é uma parte conquistada no domínio dos problemas do saber em geral e um ponto fixo em que apoiar as alavancas que moverão outras cargas e a partir do qual, em casos favoráveis, alguém poderá inclusive ascender de uma vez a uma consideração da totalidade superior à que se tinha antes. Pois o encadeamento das verdades em cada domínio do saber é tão grande que quem se houver instalado na possessão totalmente segura de uma única delas pode sempre esperar conquistar a totalidade a partir daí. Assim como, numa difícil tarefa de álgebra, uma única grandeza positivamente dada é de valor inestimável porque torna possível a solução, do mesmo modo, na mais difícil de todas as tarefas humanas, que é a metafísica, o conhecimento seguro da rigorosa necessidade com que os atos resultam de um caráter e motivos dados, demonstrado *a priori* e *a posteriori*, é um dado inestimável, e, partindo apenas dele, podemos chegar à solução da tarefa completa. Por isso, tudo o que não possa apresentar uma certificação sólida e científica tem de ceder ante uma tal verdade bem fundamentada onde quer que lhe atravanque o caminho, e não esta ante aquilo; e de modo algum essa verdade pode se prestar a acomodações e limitações a fim de se harmonizar com afirmações indemonstradas e quiçá errôneas.

Que me seja permitida ainda uma observação geral. Uma retrospectiva de nosso resultado dá a ocasião para a consideração de que, no que diz respeito aos dois problemas que foram designados já na seção anterior como os mais profundos da filosofia moderna, ainda que não claramente conhecidos pelos antigos – a saber, o problema da liberdade da vontade e o da relação entre o ideal e o real –, o entendimento sadio, mas inculto, não apenas é incompetente, mas tem até mesmo uma decidida propensão natural ao erro, para cuja restituição se precisa de uma filosofia já bastante florescida. É que, para ele, no que se refere ao *conhecer*, é realmente natural atribuir demasiado ao *objeto*; por isso foram necessários Locke e Kant para mostrar o tanto que surge do *sujeito*. No que se refere a *querer*, ao contrário, há a propensão inversa, a saber, atribuir demasiado pouco ao *objeto* e demais ao *sujeito*, derivando *deste* todo o querer, sem levar devidamente em conta o fator situado no *objeto*, os motivos, que são o que na verdade determina toda a constituição individual das ações, enquanto que apenas o que nelas é geral e essencial, a saber, seu caráter moral fundamental, parte do *sujeito*. Contudo, não podemos nos admirar de tal inversão nas investigações especulativas, natural ao entendimento, pois ele é originalmente destinado apenas a fins práticos e de modo algum especulativos.

Se agora, como consequência de nossa exposição precedente, suprimimos completamente toda liberdade da ação humana e a conhecemos como submetida à mais rigorosa necessidade, somos por isso mesmo conduzidos ao ponto em que podemos compreender *a verdadeira liberdade moral*, que é de um tipo superior.

É que há ainda um fato da consciência que até agora desconsiderei totalmente para não perturbar o curso da investigação. É o sentimento perfeitamente claro e seguro da *responsabilidade* pelo que fazemos, da *imputabilidade* por nossas ações, sentimento esse que repousa na inabalável certeza de que somos nós mesmos os *autores de nossos* atos. Em virtude dessa consciência, a ninguém ocorre, nem mesmo àquele que está totalmente convencido da necessidade com que se dão nossas ações, exposta no que precede, desculpar-se de uma falta mediante essa necessidade e evadir-se da culpa jogando-a nos motivos sobre cuja base, ao surgirem, o feito era inevitável. Pois ele vê muito bem que essa necessidade tem uma condição *subjetiva*; e que aqui *objetivamente*, isto é, nas circunstâncias presentes, ou seja, sob a influência dos motivos que o determinaram, era perfeitamente possível e se teria podido produzir uma ação totalmente diferente, inclusive exatamente oposta à sua, *desde que ele tivesse sido um outro*: era só disso que se dependia. *Para ele*, posto que é este e não um outro, posto que tem tal e tal caráter, claramente não era possível nenhuma outra ação; mas em si mesma, ou seja, *objetivamente*, ela era possível. Portanto, a *responsabilidade* da qual ele é consciente afeta apenas primária e ostensivamente o feito; mas, no fundo, afeta o *seu caráter*: é *por este* que ele se sente responsável. E é também *por este* que os outros o responsabilizam, assim que o juízo deles deixa o feito de lado para constatar as propriedades do autor: "É um homem mau, um malvado" – ou "é um moleque" – ou "é uma alma pequena, falsa, pusilânime" –, assim reza juízo deles e é ao caráter dele que lançam as reprovações. O feito, junto com o motivo, entra aqui em

134

consideração apenas como testemunho do caráter do autor; mas vale como sintoma seguro desse caráter, sintoma através do qual o caráter é estabelecido inapelável e irrevogavelmente. Por isso diz Aristóteles muito acertadamente: Ἐγκωμιάζομεν πράξαντας τὰ δ'ἔργα σημεῖα τῆς ἕξεως ἐστι, ἐπεὶ ἐπαινοῖμεν ἂν καί μὴ πεπραγότα, εἰ πιστεύοιμεν εἶναι τοιοῦτον. [*Enkomiázomen práxantas tà d'érga semeîa tês héxeos eoti, epeì epainoîmen àn kaì mè pepragóta, ei pisteúoimen eînai toioûton.*]. – *Rhetorica, I, 9. (Enomio celebramus eos, qui egerunt: opera autem signa habitus sunt; quoniam laudaremus etiam qui non egisset, si crederemus esse talem.)*[143] Portanto, o ódio, a abominação e o desprezo não se lançam sobre o feito passageiro, mas sim sobre as propriedades permanentes do autor, isto é, do caráter que o produziu. Por isso, em todas as línguas, os epítetos da ruindade moral, os insultos que a designam, são muito mais predicados do *homem* do que das ações. É ao *caráter* que eles são atribuídos: pois este tem de carregar a culpa de que o autor foi imputado por ocasião dos feitos.

Onde há *culpa* tem de haver também *responsabilidade*: e, como esta é o único dado que nos justifica a inferir a liberdade moral, então a *liberdade* tem de residir também no mesmo lugar, ou seja, no *caráter* do homem; ainda mais porque há muito estamos suficientemente convencidos de que ela não pode ser encontrada imediatamente nas ações individuais que, pressuposto o caráter, surgem com rigorosa necessidade. Mas o caráter é, como se mostrou na terceira seção, inato e imutável.

Queremos agora considerar um pouco mais de perto a liberdade nesse sentido, o único para o qual existem dados, para, depois de a termos depreendido a partir de um fato da consciência e de havermos encontrado o seu lugar, compreendê-la também de modo filosófico, na medida em que isso for possível.

Na terceira seção, vimos que toda ação humana é o produto de dois fatores: de seu caráter com o motivo. Isso não significa, de forma alguma, que ela seja um termo médio, como um compromisso entre o motivo e o caráter, mas sim que satisfaz totalmente a ambos na medida em que, segundo toda sua possibilidade, repousa ao mesmo tempo sobre ambos, isto é, no fato de o motivo que atua afetar esse caráter e de esse caráter ser determinável por um tal motivo. O caráter é a constituição empiricamente conhecida, persistente e invariável de uma vontade

---

143. "Louvamos aquele que realizou um feito; mas feitos são sinais do caráter; então também louvaríamos aquele que não realizou o feito, desde que acreditássemos que ele seria capaz." Aristóteles, *Retórica*, I, 9, 1367b31. (N.T.)

135

individual. E, como esse caráter é um fator de toda ação, tão necessário quanto o motivo, assim se explica o sentimento de que nossos feitos partam de nós mesmos, aquele *"eu quero"* que acompanha todas as nossas ações e em virtude do qual cada um tem de reconhecê-las como *seus* feitos, pelos quais, portanto, sente-se moralmente responsável. Este é, de novo, justamente aquele "eu quero, e quero sempre apenas o que quero", mencionado antes na investigação da autoconsciência – o qual induz o entendimento inculto a afirmar obstinadamente uma liberdade absoluta de fazer e deixar de fazer, um *liberum arbitrium indifferentiae*. Mas isso nada mais é que a consciência do segundo fator da ação, que por si só seria totalmente incapaz de produzi-la e que, ao contrário, apresentando-se o motivo, é igualmente incapaz de abster-se de fazê-la. Porém, é só sendo posto em ação dessa maneira que manifesta sua própria constituição à faculdade de conhecimento, a qual, essencialmente dirigida para fora e não para dentro, só empiricamente, a partir de suas ações, pode chegar a conhecer a constituição de sua própria vontade. Essa familiarização mais próxima e cada vez mais íntima é, na verdade, o que se chama *consciência moral*, a qual, justamente por isso, faz-se ouvir *diretamente* apenas *depois* da ação; *antes* ela só é ouvida no máximo *indiretamente*, na medida em que, por meio da reflexão e da retrospectiva de casos semelhantes sobre os quais já se tenha declarado, é trazida à deliberação como algo que ocorrerá no futuro.

Aqui é o lugar de recordar a apresentação oferecida por Kant da relação entre o caráter empírico e o inteligível e, com ela, da compatibilidade da liberdade com a necessidade, exposição que já se mencionou na seção anterior e que pertence ao que esse grande espírito produziu, ao que os homens já produziram de mais belo e profundamente pensado. Só preciso apelar a ela, já que repetição seria aqui uma ampliação supérflua. Mas é só a partir dela que se pode compreender, tanto quanto as forças humanas são capazes, como a rigorosa necessidade de nossas ações de fato coexiste com aquela liberdade testemunhada pelo sentimento da responsabilidade e em virtude da qual somos os autores de nossos feitos e esses devem ser moralmente imputados a nós. – Aquela relação exposta por Kant entre o caráter empírico e o inteligível se baseia totalmente naquilo que constitui o traço fundamental de toda a sua filosofia, a saber, na distinção entre fenômeno e coisa em si: e assim como nele a perfeita *realidade empírica* do mundo da experiência coexiste com sua *idealidade transcendental*, do mesmo modo coexiste a estrita *necessidade empírica* do agir com sua *liberdade transcendental*. É que o caráter empírico, assim como a totalidade do homem, é, enquanto

136

objeto da experiência, um mero fenômeno, portanto ligado às formas de todo fenômeno, tempo, espaço e causalidade, e submetido a suas leis; ao contrário, a condição e fundamento de todo esse fenômeno, independente daquelas formas enquanto coisa em si e, portanto, não submetida a nenhuma distinção temporal, e assim persistente e imutável, é o *caráter inteligível*, quer dizer, a vontade como coisa em si à qual, enquanto tal, corresponde também à liberdade absoluta, isto é, a independência da lei da causalidade (como mera forma dos fenômenos). Mas essa é uma liberdade *transcendental*, isto é, não irrompe no fenômeno, mas existe apenas na medida em que abstraímos dele e de todas as suas formas para chegar àquilo que, fora de todo tempo, tem de ser pensado como a essência interna do homem em si mesmo. Em virtude dessa liberdade, todos os feitos do homem são sua própria obra, por mais necessariamente que surjam da conjunção entre o caráter empírico e os motivos; porque esse caráter empírico é meramente o fenômeno do inteligível em nossa *faculdade de conhecimento* ligada ao tempo, ao espaço e à causalidade; isto é, o modo pelo qual a ela se apresenta a essência em si de nosso próprio eu. Consequentemente, a *vontade* na verdade é livre, mas apenas em si mesma e fora do fenômeno: neste, ao contrário, ela se apresenta já com um caráter determinado, ao qual todos os seus feitos têm de se adequar e, por isso, mais proximamente determinado pelos motivos que surgem, do qual necessariamente resultam assim e de nenhum outro modo.

Como se pode ver facilmente, este caminho leva a que tenhamos de buscar a obra de nossa *liberdade* não mais em nossas ações individuais, como comumente se faz, mas sim em toda a existência e essência [*Sein und Wesen*] (*existentia et essentia*) do próprio homem, que têm de ser pensadas como seu ato livre que só se apresenta para a faculdade de conhecimento, vinculada ao tempo, ao espaço e à causalidade, numa pluralidade e diversidade de ações; as quais, contudo, justamente por causa da unidade originária daquilo que nelas se apresenta, precisam carregar todas exatamente o mesmo caráter e que, por isso, aparecem como rigorosamente necessitadas por aqueles motivos pelos quais são suscitadas e determinadas no indivíduo. Por conseguinte, no mundo da experiência o *operari sequitur esse* vige sem exceção. Todas as coisas atuam conforme sua constituição, e sua atuação resultante de causas manifesta essa constituição. Todo homem age de acordo com o que ele é, e essa ação necessária é determinada no caso individual apenas pelos motivos. Por isso, a *liberdade* que no *operari* não pode ser encontrada *precisa residir* no *esse*. Foi um erro fundamental, um ὕστερον [*hýsteron*] πρότερον [*próteron*][144] de todos os tempos, atribuir a necessidade ao *esse* e a liberdade ao *operari*. Ao contrário, *apenas no esse se encontra a liberdade*; mas, a partir dele e dos motivos, segue-se necessariamente o *operari*: e *naquilo que fazemos conhecemos o que somos*. Nisso, e não no suposto *libero arbitrio indifferentiae*, se baseia a consciência da responsabilidade e a tendência moral da vida. Tudo depende do que se *é*; o que ele *fizer* resultará daí por si mesmo, como um corolário necessário. A inegável consciência da espontaneidade e originalidade que acompanha todos os nossos atos, a despeito de sua dependência dos motivos, e em virtude da qual eles são *nossos* atos, não engana: mas seu verdadeiro conteúdo se estende para além dos atos e se inicia mais acima, ao estarem aí compreendidas nossa própria existência e essência, das quais (com a ocasião dos motivos) provêm necessariamente todos os atos. Nesse sentido, pode-se comparar aquela consciência da espontaneidade e originalidade, como também da responsabilidade que acompanha o nosso agir, com um ponteiro que indica um objeto mais afastado do que aquele que se encontra mais próximo na mesma direção e que ele parece indicar.

Em uma palavra: o homem sempre faz apenas o que quer e o faz, contudo, necessariamente. Mas isso se deve a que ele já é o que quer: pois daquilo que ele é se segue necessariamente tudo o que ele faz a cada vez. Caso se considere *objetivamente* o seu fazer, isto é, desde fora, então se reconhece de modo apodítico que o que ele faz tem de estar submetido, como o fazer de todo ser natural, à lei da causalidade em todo o seu rigor: por outro lado, *subjetivamente* cada um sente que faz sempre apenas o que *quer*. Todavia, isso meramente significa que seu atuar é a pura exteriorização de sua própria essência. Qualquer um sentiria o mesmo, inclusive o mais ínfimo ser natural, se pudesse sentir.

Assim, pois, a *liberdade* não é suprimida por minha exposição, mas apenas empurrada para fora do domínio das ações individuais, no qual se demonstrou que ela não pode ser encontrada, deslocada para uma região superior, mas não tão facilmente acessível ao nosso conhecimento: isto é, ela é transcendental. E este é o sentido em que desejo que se entenda aquela expressão de Malebranche, "*la liberté est un mystère*", sob cuja égide o presente tratado procurou resolver a questão proposta pela Real Sociedade.

---

144. "O consequente no lugar do precedente", isto é, a confusão entre a consequência de algo e sua razão. (N.T.)

APÊNDICE COMO COMPLEMENTO
À PRIMEIRA SEÇÃO

Como consequência da divisão da liberdade, estabelecida logo no começo, em física, intelectual e moral, agora, depois de terem sido tratadas a primeira e a última, tenho de elucidar a segunda, coisa que farei meramente por conta da completude e, portanto, brevemente.

O intelecto, ou faculdade de conhecimento, é *o meio dos motivos* [*Medium der Motive*], através do qual eles atuam sobre a vontade, que é o próprio núcleo do homem. Esse meio dos motivos executa suas funções regularmente apenas na medida em que se encontra em um estado normal e apresenta à vontade os motivos sem falsificá-los para que ela os eleja, tal e como existem no mundo exterior real, e apenas nessa medida ela pode se decidir de acordo com sua natureza, isto é, com o caráter individual do homem; ou seja, pode se exteriorizar de modo *desimpedido*, conforme a sua própria essência: nesse caso o homem é *intelectualmente livre*, quer dizer, suas ações são o puro resultado da reação de sua vontade a motivos que existem no mundo exterior, tanto para ele como para todos os outros. E, consequentemente, elas lhe serão imputadas tanto moral como juridicamente.

Essa liberdade intelectual é *suprimida* ou bem quando o meio dos motivos, a faculdade de conhecimento, é permanente ou apenas provisoriamente danificada, ou bem quando as circunstâncias externas, no caso individual, falseiam a apreensão dos motivos. O primeiro é o caso na loucura, no delírio, no paroxismo e na sonolência; o último se dá no caso de um erro claro e sem culpa, por exemplo quando se ingere veneno em vez de remédio, ou quando à noite se atira e mata o criado que entra, tomando-o por um ladrão, e casos similares. Pois em ambos os casos os motivos são falseados, pelo que a vontade não se pode decidir tal como o faria ante as circunstâncias existentes se o intelecto as transmitisse corretamente. Por isso, os crimes cometidos em tais circunstâncias não são legalmente puníveis. Pois as leis partem do correto pressuposto de que a vontade não estava moralmente livre, não sendo então possível *dirigi-la*, mas sim submetida pelos motivos à coação: consequentemente, ao ameaçar com uma pena, as leis querem opor aos eventuais motivos para se cometer um crime contramotivos mais fortes, e um código penal nada mais é que um índice de contramotivos para as ações criminosas. Mas dá-se que o intelecto, através do qual tinham de atuar esses contramotivos, estava incapacitado para acolhê-los e mostrá-los à vontade; e, assim, o efeito deles era impossível: para ela, eles não existiam. É como quando se descobre que um dos fios que teriam de mover uma máquina está arrebentado. Em tal caso, a culpa passa da vontade para o intelecto: mas este não está submetido a nenhuma pena; as leis, como a moral, só têm a ver com a vontade. Apenas ela é o homem propriamente dito: o intelecto é meramente seu órgão, suas antenas sensitivas voltadas para fora, isto é, o meio de atuação dos motivos sobre ela.

Atos desse tipo são tampouco moralmente imputáveis. Pois eles não são nenhum traço do caráter de um homem: ele ou bem fez algo diferente do que acreditava estar fazendo, ou bem era incapaz de pensar naquilo que deveria tê-lo impedido, ou seja, de admitir os contramotivos. É como quando uma substância a ser investigada quimicamente é exposta a vários reagentes a fim de que se veja com qual ela tem maior afinidade: constatando-se, após o experimento realizado, que por causa de um obstáculo acidental certo reagente não poderia ter tido nenhum efeito, então o experimento é inválido.

A liberdade intelectual, que aqui consideramos como totalmente suprimida, pode além disso ser meramente *diminuída* ou parcialmente suprimida. Isso acontece principalmente por causa do afeto e da intoxicação. O *afeto* é a excitação repentina e poderosa da vontade por uma representação que invade de fora e se torna um motivo, e que tem tanta vivacidade que obscurece todas as outras que poderiam atuar como contramotivos, não deixando que elas venham claramente à consciência. Essas últimas representações, que são na sua maioria apenas de natureza abstrata, meros pensamentos, enquanto aquela primeira é algo intuitivo e presente, não têm, por assim dizer, nenhuma chance e, portanto, não há o que em inglês se chama *fair play*: o ato já aconteceu antes que elas pudessem contra-atacar. É como quando num duelo uma pessoa atira antes da palavra de comando. Também aqui a responsabilidade jurídica e a moral são suprimidas, em maior ou menor grau, mas sempre em parte, dependendo da natureza das circunstâncias. Na Inglaterra, um homicídio cometido com total precipitação e sem a menor deliberação, na mais violenta e repentina fúria, é chamado de *manslaughter*[145] e punido com brandura e às vezes nem sequer punido. – A *intoxicação* é um estado que nos dispõe a afetos, na medida em que aumenta a vivacidade das representações intuitivas e, por outro lado, enfraquece o pensamento *in abstracto*, intensificando ainda a energia da vontade. Aqui, em lugar da responsabilidade pelos atos se dá a responsabilidade pela própria intoxicação: por isso, não se está juridicamente inocentado, embora a liberdade intelectual seja aqui parcialmente suprimida.

Aristóteles já fala dessa liberdade intelectual, τὸ ἑχούσιον καὶ ἀκούσιον κατὰ διάνοιαν [*tò hekhoúsion kaì akoúsion katà diánoian*],[146], na *Ética a Eudemo*, II, cap. 7 e 9, embora de maneira muito breve e insatisfatória, e um pouco mais detalhadamente na *Ética a Nicômaco*, III, cap. 2 – É o que se entende quando a *medicina forensis* e a justiça criminal perguntam se um criminoso estava em estado de liberdade e, consequentemente, era imputável.

Em geral, todos esses crimes em que o homem não sabia o que estava fazendo ou era pura e simplesmente incapaz de considerar o que deveria tê-lo dissuadido, ou seja, as consequências da ação, devem ser considerados cometidos na ausência de liberdade intelectual. Nesses casos, portanto, ele não deve ser punido.

Por outro lado, aqueles que já acham que, apenas devido à inexistência de liberdade *moral* e à consequente inevitabilidade de todas as ações de um determinado homem, nenhum criminoso poderia ser punido, partem da visão errada da pena, de que ela seria um castigo dos crimes por eles mesmos, uma reparação do mal pelo mal por razões morais. Tal coisa, apesar de Kant tê-la professado, seria absurda, despropositada e completamente injustificada. Pois como um homem estaria capacitado a, do ponto de vista moral, se arvorar em juiz ab-

---

145. No direito penal inglês, *murder* e *manslaughter* são espécies de *homicide*. No caso, *manslaughter* é um homicídio injustificável e intencional, mas cometido sem premeditação ou malícia. Grosso modo, corresponde ao que denominamos "crime passional", enquanto um *involuntary or unintentional manslaughter*, ao nosso "homicídio culposo". (N.T.)

146. "O voluntário e o involuntário no que se refere ao pensamento". *Ética a Eudemo*, II, 7, 1223a. (N.T.)

soluto do outro e, como tal, fustigá-lo por seus pecados! Antes, a lei, ou seja, a ameaça da pena, tem o fim de ser o contramotivo do crime ainda não cometido. Se ela falha em produzir esse efeito num caso individual, então precisa ser aplicada, pois senão falharia também em todos os casos futuros. Por sua parte, nesse caso o criminoso sofre a pena em consequência de sua constituição moral, a qual, conjuntamente com as circunstâncias, que foram os motivos, e com seu intelecto, que o iludiu com a esperança de escapar da pena, inevitavelmente produziu o ato. Assim, só lhe poderia acontecer aqui uma injustiça se seu caráter moral não fosse sua própria obra, seu ato inteligível, mas obra de um outro. A mesma relação do ato com sua consequência se dá se as consequências de sua ação viciosa ocorrerem não segundo leis humanas, mas segundo leis naturais, como quando excessos de devassidão acarretam doenças terríveis, ou quando, numa tentativa de invasão, o invasor por um acaso se desgraça, por exemplo se, penetrando de madrugada no chiqueiro para sequestrar seu ocupante habitual, ele se deparar com o urso, cujo treinador se hospedou esta noite na estalagem, avançando de braços abertos em sua direção.

Este livro foi impresso pela Gráfica Grafilar
em fonte Minion Pro sobre papel Pólen Bold 70 g/m²
para a Edipro no outono de 2021.